High Conviction Option
Trading Strategies

高胜率
期权
交易心法

蒋 瑞 ◎著

机械工业出版社
CHINA MACHINE PRESS

图书在版编目（CIP）数据

高胜率期权交易心法 / 蒋瑞著 . -- 北京：机械工业出版社，2021.2（2024.11 重印）
ISBN 978-7-111-67418-4

I. ① 高… II. ① 蒋… III. ① 股票交易 – 基本知识 IV. ① F830.91

中国版本图书馆 CIP 数据核字（2021）第 021123 号

高胜率期权交易心法

出版发行：机械工业出版社（北京市西城区百万庄大街 22 号 邮政编码：100037）	
责任编辑：王 颖　李 昭	责任校对：殷 虹
印　　刷：北京虎彩文化传播有限公司	版　次：2024 年 11 月第 1 版第 3 次印刷
开　　本：170mm×230mm　1/16	印　张：13.5
书　　号：ISBN 978-7-111-67418-4	定　价：49.00 元

客服电话：（010）88361066　88379833　68326294

版权所有·侵权必究
封底无防伪标均为盗版

前　言

　　人生跟市场一样，充满了不确定性。我从来没有想到自己从南京大学历史系毕业后，会进入管理咨询公司做咨询，后来又进入地产公司分管运营和人力，现在写的第一本书竟然又是关于期权交易的。看看走过的路，有时候自己都会觉得有些愕然。不过，市场有了不确定性，才会有机会；人生有了不确定性，才会变得丰富多彩。

　　回想自己投资美国市场已经有近8年的历史，自2016年3月开始系统地做期权交易以来，已有4年的时间。这4年来，市场阴晴不定、时起时落，我自己边做边学，不断进步。总的来说，我还是要感谢市场整体上处于一个牛市当中，给了大家很多赚钱的机会。我做过一个统计，这几年来我的所有期权交易，交易胜率在80%～85%，每年会略有不同，账户的平均年化收益率大约在35%。因此对期权交易，我可以算是略有心得。简单来说，第一，布莱克–斯科尔斯期权定价模型（Black Scholes option pricing model，B-S模型）对于优质公司和劣质公司而言，可能存在系统性的定价偏差。这是由于该模型假设公司股价呈正态分布，但实际上，从长期看，优质公司和劣质公司的股价是呈偏态分布的，即优质公司的股价长期向上，而劣质公司的股价长期向下。这种定价偏差是期权交易有利可图的第一个来源。第二，根据一些研究，持有至到期的期权合约，80%左右是废纸一张。有人估计，如果将那些没有持有至到期直接平仓的期权统计在内，这个结果可能会更高。因此，期权卖方（option selling，国内也称义务仓）在胜率上更占优势。第三，由于期权的时间价值（time value）单向衰减，因此期权卖方天然享有"躺赚"的优势。我绝大部分的期权交易正是基于这些市场洞见和一些公司基本面的研究而做的。另外，这几年来，我也做过不少失败的交易，通过对这些交易的反思、总结和复盘，我形成了自己的交易心得。我想这正反两方面的经验和教训，对于刚开始接触期权交易的朋友来说，都有值得借鉴的地方。因此不揣浅陋，我将这些一孔之见行诸笔端，一方面就教于方家，另一方面也想通过和读者的互动、讨论，激发出更多的想法，获得更大的乐趣——有时候授人以渔比单纯赚钱更让人有成就感。

期权策略林林总总、数量繁多，策略名称、策略构成、应用条件、盈亏平衡点、希腊值（greeks）的变化趋势也都各不相同，一个人要全部掌握几十种策略实非易事。本书重点介绍了一些能用、管用、好用的策略，以及这些策略背后的市场洞见、交易逻辑、应用场景和注意事项。期权交易的难点不在于你使用了多么花哨、多么精美、多么复杂的策略，而在于用简单的策略持续赚钱。

每个人的交易理念、性格偏好不同，因此青睐的策略也各不相同。但无论如何，每个人都要有几个熟练掌握的策略作为自己的看家本领。在《天龙八部》中，吐蕃国师鸠摩智到天龙寺索要六脉神剑剑谱，并以拈花指、多罗叶指、无相劫指的指法炫技以为饵，本因、本相禅师皆心动，经枯荣大师指点后方才醒悟，当用自己的看家本领——一阳指，以御强敌。做交易也是一样，不要贪多务得、争奇斗炫，须练好自己的"一阳指"。要知道，用好一两个拿手策略，远胜于数十个策略。

我倡导长时间、可重复、高胜率、低风险的交易理念，这个理念贯穿始终，在一些策略的选择上能明显体现出来。本书将对符合这个理念的一些策略进行重点介绍，对有些不符合这个理念的策略则一笔带过。做期权交易，关键是要活得久，不能让小概率的大风险导致自己产生巨大损失。重复做正确的事情（高胜率的事情），雪球才会越滚越大。

本书不是教科书，没有对期权的概念等做全面而详细的介绍，也几乎没有用到大量令人生畏的数学公式，有时简单画出盈利图，只是为了读者更直观地理解而已。必要时，读者可以参考一些期权教科书，以弥补本书的不足。本书主要介绍了美股个股的期权交易策略，国内市场目前虽然尚未开放个股期权，但国内上证50ETF、沪深300ETF都已经有了期权。无论在哪个市场上，基本原理和基本策略都是相通的。

人生也跟市场一样，总有些不变的东西。无论以前的道路如何，也不管今后会走向何方，追求更加健康、自由的生活，大概是不会改变的。马云教导我们，平常人要有平常心，但平常人也难有平常心。我们在尽量保持平常心的同时，一定要有好奇心、进取心。

我有一个小小心愿：希望在本书的读者中能产生1000名通过期权交易赚取500万元甚至1000万元的交易者。感兴趣的朋友可以关注我的公众号：右手期权。

行者常至，为者常成，让我们共同见证。

2020年2月2日

目 录

前言

第1章 绪论 ·· 1
  1.1 现代证券投资学与价值投资体系 ··· 1
  1.2 期权定价与期权交易 ··· 5

第2章 期权的基本介绍 ··· 7
  2.1 期权的合约要素 ·· 9
  2.2 期权的价性与价格 ·· 12
  2.3 期权的获利特点 ·· 17
  2.4 期权的希腊值 ·· 18
  2.5 期权与权证 ·· 29

第3章 高胜率期权交易的要点 ··· 31
  3.1 期权卖方的获胜概率更高 ·· 32
  3.2 期权时间价值单向度衰减 ·· 33
  3.3 期权隐含波动率均值回归 ·· 35

第4章 常用的期权策略 ... 42
- 4.1 六种基础策略 ... 43
- 4.2 价差策略 ... 65
- 4.3 跨式策略 ... 79
- 4.4 合成策略 ... 92
- 4.5 比率价差策略 ... 95
- 4.6 其他常见策略 ... 103
- 4.7 期权策略要点 ... 113
- 4.8 期权爆仓风险 ... 115
- 4.9 巴菲特的期权交易 ... 119

第5章 期权交易的进阶 ... 127
- 5.1 期权波动率的相关解释 ... 127
- 5.2 交易隐含波动率 ... 135
- 5.3 交易已实现波动率 ... 141
- 5.4 53只中国市场ETF及其期权 ... 152
- 5.5 国内外沪深300ETF期权之比较 ... 156
- 5.6 杠杆ETF期权的止损之道 ... 161
- 5.7 一些可供参考的交易指标 ... 163

第6章 我的交易体系 ... 166
- 6.1 交易理念 ... 166
- 6.2 建仓策略 ... 167
- 6.3 仓位策略 ... 168
- 6.4 加仓策略 ... 169
- 6.5 平仓策略 ... 170
- 6.6 风控策略 ... 171
- 6.7 交易心态 ... 175
- 6.8 选股策略 ... 178

第 7 章　期权交易实盘复盘 ··· 183
　7.1　历史业绩与交易统计 ··· 183
　7.2　重大失误与前车之鉴 ··· 191
　7.3　开启交易之路的忠告 ··· 194

第 8 章　认知体系与投资 ··· 199

参考文献 ··· 206

第1章 绪 论

市场是个很神奇的地方,有些人在这里寻求财富的持续增长,进而获得财务自由,有些人则更享受交易的兴奋与喜悦,赚不赚钱反倒在其次;有些人信仰价值投资,有些人则是看线炒股;有些人长期持有,分享公司的业务成长,有些人则快进快出,赚一笔就是一笔。各类投资理论、投资风格也是各有所长,不一而足。在我们开始期权交易策略的正文之前,理一理思路,看一看地图,搞清楚自己的目的、途径、手段,认清自身定位、所处位置,是非常有必要的一件事。

1.1 现代证券投资学与价值投资体系

现代证券投资学有四个基本假设,分别是:
1. 投资者是理性的,会对信息做出反应;
2. 市场是有效的,各类信息都能在市场上被立刻反应,并被充分定价,因此战胜市场是不可能的;
3. 用股价波动来衡量投资风险;
4. 多元化配置是在回报率不降低的情况下,降低风险的唯一途径。

一般来说,正统理论的信奉者都认为市场不可战胜,因此代表市场整体水平的指数基金的收益，就是投资者能获得的最佳收益。一只股票相对于市场整体的波动性被定义为 β，超出市场整体水平的收益部分被定义为 α。通常来说，β 代表了市场整体水平，比较容易获得，直接购买指数基金就能获得整体市场的 β。真正考验投资者能力的，是选取有高 α 的股票。α 带来的收益，一般被称为超额收益，是所选取股票超越市场整体水平的部分。我们经常在各种场合听到各类人谈论 α 和 β，其实就是这个意思。不同的基金经理有不同的策略，有些偏重 β，有些则偏重 α，甚至偏重不同行业的 α。当市场整体涨幅巨大时，β 策略通常就占优势，因为市场整体涨幅贡献了个股涨幅的大部分；当市场萎靡不振时，即 β 收益不高时，好的 α 策略就会非常亮眼，这就很考验投资者的选股能力。因此，追求 β 收益的多是被动型投资者，他们以购买各类相关指数基金为主；追求 α 收益的多是主动型投资者，追求超出市场平均水平的超额收益。这些内容是现代证券投资学的基本假设和基本结论，无数的基金经理做大量的研究、分析、数学模型，就是为了找出高 α 的股票，从而长期获得超越市场整体水平的收益。

然而，上面提到的四个基本假设，已经被证明存在各种各样的问题。

首先，无法解释以下事实：一些秉持特定投资理念（尤其是价值投资理念）的投资者，投资业绩长时间、大幅度超越指数。因为时间跨度很长，已经无法用运气或是统计误差来解释。相反，很可能是投资的正统理论及其基本假设出现了某种系统性的偏差和瑕疵。

其次，经过这么多年的理论探讨和实践检验，我们对上述四个基本假设都或多或少有了新的认识。

1. 投资者是理性的吗？——事实证明，投资者受情绪影响巨大，很多时候是非理性的，近年来发展出来一套学问，叫作"行为金融学"（behavioral finance），就是研究投资者非理性行为的。

2. 市场是有效的吗？有效市场假说（efficient markets hypothesis，EMH）分为强式、半强式、弱式三种形式：强式认为内幕消息无效，半强式认为基本面分析无效，弱式认为技术分析无效。这个假说目前屡遭诟病，强式已经基本没人相信，获取内幕消息进行交易，获得超额收益应该是大概率事件，事实上也是如此。半强式无法解释为何有些投资者可以在相当长的时间内通过基本面分析持续超越市场。对于弱式，则有些争议，信者恒信，不信者恒不信。誉之者认为一切信息都已包含在 K 线起伏涨落之内，光看 K 线就能持续投资获利；毁之者认为其言近妖，无异于股市算命。另一部分人认为技术分析在某种程度上代表了市场情绪的悲观、乐观，可以作为辅助交易的工具。像沃伦·巴菲特（Warren Buffett）这样的价值投资者，就是对有效市场假说最好的反证。本杰明·格雷厄姆（Benjamin Graham）曾有名言，股市短期是个投票机，长期是个称重机，即市场短期内可能无效，但长期有效。这个表述虽不中，亦不远。市场经常有效，但不是永远有效，乔治·索罗斯（George Soros）就说市场经常无效，也自成一家之言。

3. 股价波动代表投资风险吗？用股价波动来衡量投资风险，是证券投资学将风险数学化的一项创举，但是巴菲特认为，投资的真正风险在于企业业务受到实质性损害或伤害以及相应的投资本金损失的可能性，并不是股票的价格行为。换言之，投资的真正风险在于被投资企业本身，而非股票市场。这真是证道之言！被投资企业的风险如何衡量，风险该如何数学化，这样的风险又该被怎样定价，这才是真正重要的事情。基于巴菲特对于风险的理解以及他投资时间的超长性，可以看出他几乎不怎么关注股价涨跌。在巴菲特的办公室里，甚至没有电脑，只有一台电视机，用来收看财经新闻。因此，将股价波动作为风险数学化的表征，可能并不那么完美。

4. 多元化是降低风险的唯一途径吗？多元化的潜在命题是，利用投资组合股票的多样性，整体上降低单只股票的影响，降低投资组合整体的波动。因为波动代表了风险，所以，降低波动就是降低了风险。是否多元化取决于对投资公司有多深的研究和认识，是否真正了解所投公司。如果一件事的确定性高达 100%，你要做的就不应该是多元化，而是加杠杆。巴菲特是集中投资的典范，他毫不客气地说，多元化只起到了保护无知的作用。另外，对于没有选股能力的普通投资者来说，巴菲特的建议也非常中肯，即买入标准普尔 500 指数基金，获取市场平均收益。指数基金是 2019 年 1 月逝世的约翰·博格（John Bogle）给投资界带来的最大贡献，也是在投资市场上对于普通投资者来说，唯一的免费午餐。

如果我们回到投资这件事本身，梳理一下本杰明·格雷厄姆以来价值投资的理念，真正重要的是这么几个概念。

1. 股票是公司的一部分，买股票就是买公司。股票价格的上涨，最终取决于公司的经营行为。从本质上讲，购买股票，就是购买公司的一部分业务，如果业务确实好，股价终将上涨。所以巴菲特说，在购买股票后，即便股市关门几年，你仍乐意持有，而不是急于交易，才是正确的投资态度。与此类似，有一些投资前辈用投资一级市场的方式来投资二级市场，也取得了非常好的成绩。他们的态度跟巴菲特有异曲同工之妙。一级市场投资就是公司上市前的各类股权投资，如果你看不出公司的真正价值，不看好公司的成长前景，一旦看错了贸然交易，就是100%的失败。这是因为一级市场是没有"接盘侠"的，投资者必须耐心等待公司持续成长，最终在公司上市后才能有退出机会，因此要极为慎重。

2. 市场先生（Mr. Market）。这个概念是格雷厄姆发明的。市场先生有时候非常乐观，有时候也异常悲观，他从不告诉你价值，只是每天上门报出价格，并且价格经常高得离谱，或是低得离谱。格雷厄姆告诫我们，要理性看待价格的波动，让市场先生服务于自己，而非相反。

3. 安全边际（margin of safety）。市场上有各种不确定因素，要预留出一部分空间来应对不确定性，安全边际即付出的股票价格与股票价值之间的差额。因为每个公司的业务不同、"护城河"深浅不同，安全边际也会有所不同。投资者的投资风格也会影响安全边际的界定，比如极度厌恶风险的塞斯·卡拉曼（Seth Klarman），对安全边际就有高于常人的要求。另外，主流金融学用股价波动来量化风险，通过多元化配置来降低风险，但巴菲特则不同，他直接通过安全边际来控制风险。

4. 能力圈（circle of competence）。这个概念是巴菲特多年来总结并提出的。一个人的精力、能力是有限的，应该集中于自己熟悉的、了解的领域，这样更容易取得成功。换句话说，守好自己的一亩三分地，市场上赚钱的机会很多，重要的是知道自己擅长什么。对于能力圈这个概念，段永平先生多年前提出了一个"不为清单"（stop doing list）进行阐释，本分的、能力圈以内的事要"为"，不本分的、能力圈以外的事要"不为"。知道什么不能做，比知道什么可以做，有时候更为难得。

时至今日，尤其是互联网公司兴起后，人们对价值的认知与判断与工业时代已经很不一样，但这个投资框架今天看来仍然有效，并且历久弥新，值得认真对待。这是一个不涉及高深数学、简单可靠的投资体系。现代金融学以及各种人文社科领域喜欢提一些新奇的概念，但真正重要的基本概念和思考框架往往是平实易懂的，可谓大道至简。简单，却并不容易。

1.2 期权定价与期权交易

期权（option）是标的资产（underlying assets）基础上的金融衍生品（financial derivatives）。标的资产可以是股票，可以是ETF，可以是利率，可以是外汇，可以是指数，也可以是期货合约。期权是对标的资产的一种权利主张，这种权利可以是买入的权利，也可以是卖出的权利。根据对标的资产买卖义务的不同，期权分为看涨期权（call option，简称call）和看跌期权（put option，简称put）。持有看涨期权的投资者，有权利在行权日或之前以约定价格购入标的资产，⊖持有看跌期权的投资者，有权利在行权日或之前以约定价格卖出标的资产。相反，卖出看涨期权（short call）和卖出看跌期权（short put）的交易者，在交易对手方行权时，有义务以约定价格卖出或买入标的资产。这里对于初次接触期权的朋友，尤其是习惯了国内市场单边做多的人，可能在理解上略微不易。为了便于迅速理解，这里请谨记两点：①期权分看涨和看跌；②无论看涨和看跌都可以选择买入（long）或是卖出（short）。

期权和股票不同：股票由上市公司发行，在一定时期内数量是固定的，而期权没有固定的发行方，由买方和卖方分别报价，一旦双方价格一致，交易便实现了，一张期权合约就正式诞生。由于这种特点，期权合约在理论上可以被近似认为供应是无限多的，只要双方能撮合交易，期权合约就可以被创造出来。

⊖ 美式期权在到期日当日及到期日之前均可行权，欧式期权只能在到期日当日行权。

本书所讨论的期权及其交易策略，主要集中于美式股票期权，即在到期日当日和到期日之前均可行权的期权。按照上述定义，期权的概念很简单，但定价很复杂。曾经在很长一段时间内，我们知道期权的价格与股价、股价波动率、行权日期、行权价、市场利率都相关，但没有确切的计算方法，只能靠预估。直到1973年，两位美国经济学家发表了《期权定价与公司债务》一文，给出了明确的期权定价模型，即著名的布莱克–斯科尔斯期权定价模型。这个定价模型有7个基本假设，第一个也是最重要的一个假设，是股价服从正态分布。如果将全市场几千只、上万只股票看作一个整体，那么从整体上、概率上看，股价服从正态分布这一假设可能是合理的。但每一家独特的公司，在不同的行业，面临不同的竞争环境，拥有不同的行业地位，各自的"护城河"和竞争力均不相同。一些公司强者恒强，可以在比较长的时间里维持垄断性的竞争地位和强有力的定价权，这类公司长时间为社会提供某种产品和服务，极大地满足了社会需求，公司的发展长期向好，股价趋势也长期向上，从长时段看，很难说其股价是服从正态分布的。这一点在优质公司和劣质公司这两种极端情况下就非常明显：对于优质公司，股价很可能是长期向上的；对于劣质公司，股价很可能是长期向下的。

虽然从整体上看，在短期内，股价是随机漫步（random walk）的，但具体到B-S模型的定价当中：第一，由于没能考虑公司质地不同，长期看，股价的分布可能是个偏态分布；第二，也没有考虑价格的趋势性因素，一定时期内的趋势性因素是存在的，而趋势性的"碎步小跑"，虽然波动率可能很低，但会造成价格单向的大幅波动，从而造成定价错误；第三，没有考虑到公司的相对估值。对于低估值的优质公司，其股价的下行风险相对有限。因此，在使用B-S模型为优质公司和劣质公司的期权进行定价时，很可能会出现较大的偏差。本书后面所讨论的一些基本策略，正是利用这些系统性的定价偏差来进行交易获利的。

经过上面的介绍，我们对现代投资理论、价值投资、期权定价和期权交易已经有了初步认知，在下一章中我们将开始对期权进行系统介绍。

第 2 章　期权的基本介绍

本书的目的是为想进行期权交易的朋友提供一些具体的技巧，考虑到有部分读者可能从未接触过期权，本章会介绍一些期权的基本概念，但本书并非标准教科书，所以相关概念、背景知识都只是相对宽泛的介绍，也不使用复杂的数学公式或图表，初学者可以参考市面上比较成熟的教科书进行必要的补充。

在我们的日常生活中，大部分交易可能都进行实物交割（physical delivery），比如买一部 iPhone，无论是在线购买还是实体店购买，你付钱，然后拿到商品，这笔交易就交割完成了。过去有个印章，上面刻着"银货两讫"，就是这个意思。但是在现代社会中，有相当多的交易是虚拟资产的交易，其中一大类别就是股权交易，尤其是公司上市后的股权交易，即通常所谓的二级市场交易。据估计，2018 年全世界每天交易的股票价值大约在 3.7 万亿美元，这是一个相当庞大的市场。股票相对比较好理解，是公司发行的公司所有权凭证，是一种虚拟资产；期权则是对标的资产的一种买卖权利。期权的标的资产可以是股票，可以是期货合约，可以是指数，可以是 ETF，也可以是利率。随着金融创新的不断增加，很多之前没有的期权品种都已经被创造出来了。

一般来说，在期权交易所交易的期权，是场内期权（listed options）。场内期权按照交易所设定的规则进行交易，期权合约有统一的到期日、合约乘数、价格间距和最小报价单位，并由特定的实体负责统一清算（在美国是期权清算公司（Option Clearing Corporation））。因此，场内期权的交易是标准化的，可以认为没有对手方风险——通俗点说，就是交易者持有的期权合约，无论是看涨期权还是看跌期权，只要交易者想要行权，就一定会有对手方。因为期权是保证金交易，当卖出期权方的保证金低于券商需求的时候，券商一般会给卖出方发出追加保证金的通知（margin call）。如果持有者不能及时追加保证金，券商会立即平仓一部分头寸，以确保保证金符合要求，以此降低场内期权交易的对手方履约风险。

在期权交易所外交易的期权，一般被称为场外期权（over-the-counter options），通常由投资银行或是券商提供相应的品种，并撮合买卖双方进行交易。投资银行或是券商会有各自的保证金要求，但不会统一强制清算，因此相较于场内期权来说，有一定的履约风险。尤其是在市场崩盘或是流动性突然收紧的情况下，这种特点比较明显。

就股票期权来说，看涨期权赋予持有者在期权合约规定的有效期内以约定价格买入标的股票的权利，而看跌期权赋予持有者在期权合约规定的有效期内以约定价格卖出标的股票的权利。在期权合约规定的有效期内任何时候都可以行权的期权一般是美式期权（American style option），只能在期权合约规定的到期日方可行权的期权是欧式期权（European style option）。最后的行权日期通常是到期日（expiration date），而约定的买卖价格通常叫作行权价（exercise price）。由于期权是一种权利，相对于标的股票来说金额较小，因此通常来说，一张期权合约对应的不是 1 股股票，而是 100 股股票，这个对应关系就是期权合约的合约乘数（multiplier）。在美国市场上，期权合约乘数通常都是 100，在中国香港地区的市场上，有些股票期权的合约乘数是 100，如腾讯（HKSE：700），有些则是 500，如中国平安（HKSE：2318），还有些则是 1000，如小米科技（HKSE：1810），即一张期权合约分别对应 100 股、500 股、1000 股股票。

同一只股票的所有期权合约（包括所有不同到期日、不同行权价的看涨期权和看跌期权），构成一个类别（class），而所有相同到期日、相同行权价的期权合约构成一个系列（series）。交易所会对每一个系列的期权合约的交易情况进行统计和跟踪，已经交易但尚未平仓的期权合约数量被称为持仓量（open interests）。由于场内期权是通过买卖双方报价进行交易，只要买卖双方存在交易意愿并不断地交易，期权合约就可以被创造出来。因此不同系列期权合约的持仓量可以有很大不同，一般来说会反映当下市场的某种观点。买入 10 张某个系列的期权合约，该系列的持仓量就会增加 10 张，而平仓 10 张已经持有的合约，相应的持仓量则会减少 10 张，因此持仓量代表了市场上总体的仓位情况，但并不区分具体是买入还是卖出。持仓量对交易者的意义在于，它通常能反映出特定系列期权合约的流动性情况。如果持仓量较小，交易的流动性就会受到影响，也可能会造成比较大的买卖价差（bid-ask spread），从而增加交易成本。不过对于普通交易者来说，将持仓量作为一个参考即可，因为普通人的交易量通常不至于造成流动性枯竭。

期权持有人如果行使他买入或卖出股票的权利，就是在行权（exercise）。期权合约是买卖双方共同交易才形成的，因此当一方行权买入或卖出标的股票的时候，另一方相应地就需要卖出或买入相应数量的股票。一旦有期权的持有人行权，期权的卖出方就会被指派（assignment），也就是履行相应的购买或卖出标的股票的义务。权利和义务是同时创设出来的，行权和指派的过程通常由期权清算所进行，同时通过券商的保证金制度确保对手方不会违约，从而保证行权可以顺利进行。

下面我们来看一些具体的例子。

2.1 期权的合约要素

一张股票期权合约，通常来说包含以下几个要素：
1. 期权的类别，即是看涨期权还是看跌期权；
2. 期权的行权价；
3. 期权最后的行权时间，即到期日（expiration date）；
4. 期权的价格，即卖出或买入一张期权合约所收到或支付的金额，也就是期权的权利金（premium）；

5. 期权的合约乘数，即一张股票期权合约对应的股票数量，通常为 100。

比如苹果公司（AAPL）2019 年 8 月 2 日行权价为 210 美元的看涨期权为 3.41 美元，通常表示为：

AAPL	AUG 02' 19	210	CALL	3.41
↓	↓	↓	↓	↓
股票代码	到期日	行权价	期权类别	期权价格

大多数券商的期权交易系统会按照到期日、期权类别和行权价，将上述信息显示在 T 型账户中，如在盈透证券（Interactive Brokers）手机客户端中，苹果公司 2019 年 8 月 16 日到期的期权合约信息如图 2-1 所示。

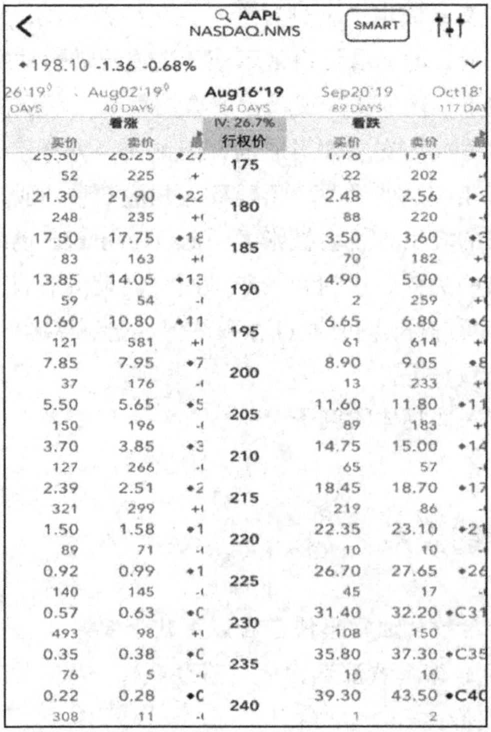

图 2-1　苹果公司 2019 年 8 月 16 日期权 T 型报价表

资料来源：IBKR Mobile.

顶行中间是标的股票代码，在这里是 AAPL，即苹果公司；正下方是其上市的交易所，这里是纳斯达克（NASDAQ）；上部右端的 SMART 是盈透证券特有的订单智能传递系统，用以在交易时选择合适的期权交易所，以达到价格或速度的最优，客户可以选择智能传递，也可以选择指定的交易所进行交易；第二行左侧是标的股票当前股价以及涨跌信息，分别以绝对金额和百分比表示；第三行是期权到期日及剩余到期时间。T 型报价表的正中间，是期权的行权价，自低到高，依次从上向下排列；T 型报价表的左侧是看涨期权，右侧是看跌期权，看涨、看跌部分均有买价和卖价，以及紧随着的最后成交价；在买价和卖价的下方，是报价的合约数量。这里需要注意，场内期权都是标准化合约，并统一清算、交易，因此这里的期权行权价区间是不能调整的，交易所根据股票价格的区间，统一设定期权行权价区间。一般来说，正股价格越高，期权行权价区间就越大；正股价格越低，期权行权价区间就越小，便于交易者捕捉到更细微的价格变化。例如，新思科技（SNPS）是一家芯片设计软件公司，其期权合约信息如图 2-2 所示。

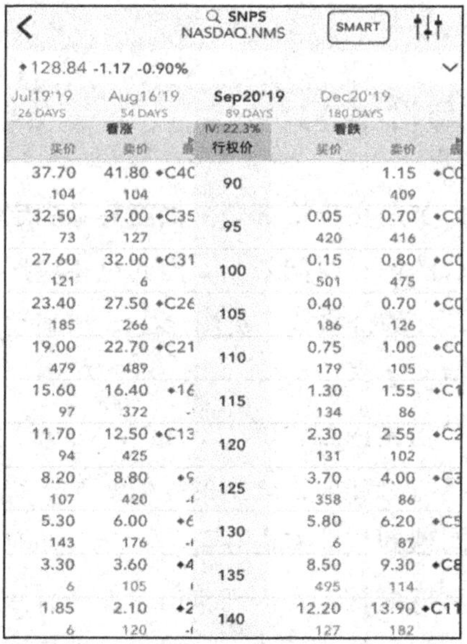

图 2-2　新思科技 2019 年 9 月 20 日期权 T 型报价表

资料来源：IBKR Mobile.

请注意，这里的期权到期日和前面的苹果公司不同。新思科技只有每个月到期的期权，而前面的苹果公司是有每周到期的期权的。最开始，交易所只提供股票的月度期权（monthly options），大多数美国公司的月度期权以每月第三周周五为到期日。近年来，随着衍生品市场的蓬勃发展，交易所推出了周度期权（weekly options），即以每周周五为到期日的期权，给期权交易者提供了丰富的可选交易标的，同时也给期权市场带来了更大的流动性。此外，一些交易所还推出了长期期权（long term equity anticipation securities，LEAPS），为投资者提供长达 1 年或 2 年的期权，满足一些投资者长期看涨或看跌的需要。当前，美国相当数量的公司都有月度期权，在美国市场交易的ADR、指数基金（包括在美国市场交易的世界其他市场指数的指数基金）部分也有周度期权。而在美国市场之外，欧洲市场、亚洲市场（日本、中国香港、中国内地）仍以月度期权为主。月度期权和周度期权，在行权价区间方面可能会有所不同。此外，月度期权的市场深度更深，流动性更强，而周度期权的产品多样性更好，可选择的余地更大。

2.2 期权的价性与价格

期权和股票一样，其成交价格都是由供需关系决定的。但期权与股票不同的是，所有的期权合约都有时间限制，因此也相应地具有时间价值。一般来说，我们通过看涨期权的价格线（见图 2-3），来表明期权到期日价格、时间价值和当下期权价值的关系。

一张期权合约的价值由内在价值（intrinsic value）和时间价值组成。内在价值是期权合约的行权价和股价之间的差值。对于看涨期权来说，只有当行权价低于股价时，看涨期权才有内在价值；相反，对于看跌期权来说，当行权价高于股价时，看跌期权才有内在价值。如果看涨期权的行权价高于股价，或是看跌期权的行权价低于股价，这时候的期权就没有内在价值，而只有时间价值。我们将没有内在价值的期权称为虚值期权（out-of-the-money option），将有内在价值的期权称为实值期权（in-the-money option），将股价与行权价相等的期权称为平值期权（at-the-money option），将为期权合约支付的费用称为权利金。

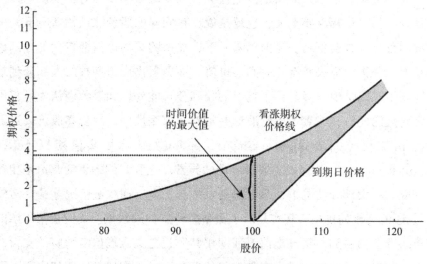

图 2-3 看涨期权的价格线

对于实值看涨期权（in-the-money call）来说，内在价值等于股价高出行权价的那部分价格，即对于实值看涨期权来说：

看涨期权的价格＝看涨期权的内在价值＋看涨期权的时间价值 （2-1）

看涨期权的内在价值＝股价－行权价 （2-2）

看涨期权的时间价值＝看涨期权的价格＋行权价－股价 （2-3）

式（2-2）与式（2-3）相加，即为式（2-1）。

对于虚值看涨期权（out-of-the-money call）来说，由于行权价大于股价，因此期权没有内在价值，而仅有时间价值。换句话说，虚值看涨期权的价值就是时间价值，对虚值看跌期权（out-of-the-money put）来说，也是如此。因此，所有的交易者都应当非常留意，当你购买虚值期权的时候，无论是看涨还是看跌，其风险较实值期权都更大，因为就当下来说其没有内在价值而仅有时间价值，而时间价值会随时间流逝逐渐减少，除非在期权合约的时间段内，股价大幅上涨或下跌，带动虚值期权价值显著增长，否则虚值期权将随着到期日临近而失去所有价值。大部分虚值期权到最后都是废纸一张。既然如此，为什么还有很多人购买虚值期权呢？因为虚值期权相对于实值期权来说，百分比的变化幅度要更大，也就是说，在同样的股价涨跌幅情况下，虚值期权的百分比收益更高。逆向思考一下，如果购买的虚值期权大部分到最后都是废纸一张，失去所有（时间）价值，那么卖出虚值期权的大部分到最后都赚到了时间价值，即赚到了期权的权利金。此外，如果我们认为行权价在股价附近的期权，代表了股价波动的常态，那么那些行权价离股价较远的深度虚值期权（deep out-of-the-money option）或深度实值期权（deep in-the-money option）就代表了股价波动的异常。这和我们的生活常识是相符合的，因为在大部分情况下，事情总是以常态发生，而少数情况才是"意外事件"。虚值期权的价格，其实是对小概率意外事件的预估。我们在第4章的基础策略部分会讲到，买入虚值看涨期权其实就是买入增值潜力险，支付的权利金则可以被看成对小概率事件的预估保费。对于虚值看跌期权来说，同样如此。具体内容可参考第4章，这里先做个铺垫。

为方便记忆，实值期权、虚值期权、平值期权的行权价与股价的关系如表 2-1 所示。

表 2-1 期权类型与股价、行权价关系

状态	看涨期权	看跌期权
实值	行权价小于股价	行权价大于股价
平值	行权价等于股价	行权价等于股价
虚值	行权价大于股价	行权价小于股价

对这些基本关系，期权交易者要非常熟悉。一方面，虚值、实值对于判断股价波动的概率有帮助；另一方面，期权的虚值、实值、平值状态（即价性，moneyness）与影响期权价格变动的希腊值的变化趋势密切相关。

前面提到，期权是一定时间段内的权利，因此具有时间价值，同时，时间价值会随着期权到期日的逐渐临近而衰减。但期权时间价值的衰减并不是线性的，期权在距到期日最后几周内的衰减速度要比前期快得多。期权的时间价值实际上与剩余到期时间的开平方正相关，因此时间价值会在最后几周急速衰减。这对我们后续将讲到的基础策略有重要的启示，比如作为期权卖方，在选择期权合约时，如果想赚取更多的权利金，就需要选择时间价值较多的合约，即时间更长的合约；如果想尽快地实现时间价值或提高时间价值的实现效率，则应该选择时间较短的合约，尤其是选择最后一个月内的期权合约，享受期权价值的加速衰减。相反，作为期权买方（option buying，国内也称权利仓），如果在临近到期日时期权仍是虚值甚至是深度虚值，那么在有限的时间内，就应该预估期权价格实现大幅度突破的可能性（假定没有季报等因素），若可能性较低，期权到期后很可能毫无价值。因此，如果临近到期日，期权仍是深度虚值，及时平仓或许能挽回一部分损失，总比时间价值全部消失、完全损失权利金要稍微好一些。

此外，股票的波动率也会显著影响期权的价值。波动率越高的股票，期权的价值越高，反之亦然。因为波动率越高，股价达到距离目前股价较远价格的可能性就越高，期权的买家也就愿意支付更高的价格。

很长时间以来，我们只知道期权价格与股价、行权价、行权日期、股价波动率、市场利率相关，但并没有切实可行的数学表达式。直到1973年，布莱克-斯科尔斯期权定价模型问世，人们才得以在理论上给出期权比较精确的定价。本书并不是一本教科书，因此并不会涉及过多关于这个定价模型的数学部分。这里想讨论的是这个期权定价模型的一些隐含假设和其中的思考。

第一，这个模型假定股价是呈（对数）正态分布的。这预示着未来股价在当下股价水平附近有更高的概率分布，而那些偏离当下股价的未来股价对应的分布概率就随之降低了。然而在某些情况下，未来股价很可能出现某一方向的大幅度变动，而这跟正态分布所暗示的股价变动幅度和概率完全不同。我们前面提起过，对于优质公司和劣质公司来说，长期看，股价并不是呈正态分布的，很可能是呈一个偏态分布，即优质公司的股价长期向上，而劣质公司的股价长期向下。这就会使股票期权的定价出现系统性的高估或低估，从而创造了对股价分布概率不同认知基础上的风险和收益非对称的交易机会。此外，从市场整体看，这个假设没有考虑到市场的估值水平问题。市场是不理性的，甚至有时是相当不理性的，要么过于乐观，要么过于悲观，所以总是周而复始地造成整体市场估值水平时高时低。在市场接近历史估值水平低值的时候，也就是整体市场低迷、价格被低估的时候，市场继续下行的风险已经很小，而未来上涨的潜力则十分巨大。相应地，在指数期权中存在看跌期权被高估而看涨期权被低估的情况，因此就存在卖出看跌期权或买入看涨期权（long call）的交易机会。这与我们的股票交易非常类似，在估值水平低的时候，可以"抄底"，这时候股价继续下跌的空间不大，即便有也可以忍受，而未来则存在巨大的上涨空间。这里需要指出的是，这和学院派有效市场假说认为市场每时每刻的价格都充分考虑了所有已知信息从而是正确的完全不同，因为经验性的证据表明，市场总是时不时地出现很多明显错误的定价。在股价明显被低估时买入，就是广义的价值投资（无论是烟蒂式还是芒格式），在股价明显被高估时卖出，就是做空机构做空挤泡沫。同理，对于期权来说，无论是看涨期权还是看跌期权，当其价格被高估或低估时，都存在相应的风险和收益非对称的交易机会。这是从估值的角度比较股票和期权。

第二，波动率随时间的平方根递减。这一点对短期期权来说，通常没有问题，但如果是长期期权，这一点可能就很难成立。巴菲特有过类似的表述，他认为期权定价模型对短期期权来说可能没有问题，但对长期期权来说很可能是没用的。这是因为，期权的时间变长，即使是较小的波动率，在长时间内也能对股价造成巨大影响，比如股价一路微涨，波动率很小，但长期看，涨幅巨大，这种巨大的涨幅是没有被初始波动率考虑在内的。以初始波动率计算很长时间后的期权价格，会将真实的波动率低估。这一点和我们的认知也相符，比如近十年左右互联网公司股票的实际涨幅，远远超出了某个隐含波动率[⊖]（implied volatility，香港译为引伸波幅）所暗示的涨幅。另外，长期看，波动率有均值回归的特性，尤其是在其处于低位或高位时，从而系统

⊖ 隐含波动率的相关解释，见本书第 5 章。

性地造成期权被低估或高估，而这些低估和高估在长时段内是可以被波动率的均值回归所纠正的。

第三，波动率的计算中没有考虑到趋势的影响。期权定价模型通常是在一定的波动率、剩余到期时间的基础上来计算股价的分布概率，从而进行期权定价的。其中的隐含假设是，每日的股价波动是随机的，并没有将趋势性的因素考虑在内。趋势是明显存在的，最典型的宏观趋势就是牛市和熊市。在典型的趋势市场中，价格通常可能达到初始波动率认为不可能达到的水平，一旦趋势成立，虚值期权就会被低估或高估，从而产生交易机会。从实践看，股价每日的随机漫步特征也比较符合我们的交易经验，即短期内股价是无法被预测的，但长期看，优质公司和劣质公司的股价仍然体现出明显的趋势性特征。这一点给我们的启示是，在微观层面成立的东西，在宏观层面不一定成立，如量子力学应用于微观世界，而宏观世界则由牛顿力学或相对论主导；短时期成立的东西，长时期不一定成立，如股价每日的随机变化和长期的明显趋势性特征，格雷厄姆也说过"股市短期是投票机，长期是称重机"之类的话。此外，对于股票市场来说，周期性行业的趋势也极为明显，比如"硅周期"会影响相关的半导体行业，一旦行业进入繁荣期，相关产业链上的公司就会获得极大发展，最明显的就是半导体行业指数会长期上涨，这个趋势是相当明显且容易感知到的。因此，股价的趋势性因素也会使期权定价模型中的期权价格出现系统性的定价偏差。

2.3 期权的获利特点

在我们开始期权交易之前，从宏观上了解一下期权的获利特点是很有必要的。在第 1 章中我们提到，大部分主动配置型基金都在追求 α，即通过选股能力体现出来的超额收益。其基本逻辑是通过基金经理对行业趋势、公司基本面的研究，来产生超越整体市场的收益，其根本在于对公司盈利能力、增长前景的判断，可以说是根植于公司经济活动本身的。对于期权来说，上述我们所观察到的现象却不是这样的。这些有洞见的观察并不基于对公司基本面或行业的研究。相反，这些观察是对期权定价模型中一些隐含的前提假设的思考与分析，更多是在检验这些理论前提是否准确描述了现实世界，以及未能准确描述实际情况后产生的一些交易机会。这些交易机会，从整体上来说，属于风险和收益不对等的异常（anomalies）。本书的基本理念之一，就是在期权交易当中有很多非对称的异常，认真地界定、寻找、分析这些异常，并构建基于这些异常情况的非对称交易组合，可以获得低风险的高收益，从而获得超越市场整体水平的收益。此外，这些非对称的交易机会（即根植于期权定价错误的机会）在一定程度上与市场整体表现（β）不相关，因此可以较少受到整体市场涨幅的影响，换句话说，可以实现一定程度上的分离 β，即无论整体市场的涨跌如何，基于期权定价偏差的交易都有获利的可能，从而实现不受市场影响、与众不同的收益曲线。事实上，无论交易者是在看涨期权被低估时买入，还是在看跌期权被高估时卖出，其实看重的都是背后风险和收益非对称的机会。

如果投资者购买宽基指数基金，那么就是在获得市场整体 β；如果购买行业指数基金，那么就是在获得整个行业的 β；如果购买其他主动配置型基金，那么就是认可基金经理的选股能力，从而追求超越市场整体收益之外的 α。如果投资者是在做期权交易，请务必明白自己盈利的理论胜算（theoretical edge）在哪里，要知道期权自带杠杆，随着标的股票的涨跌，可以实现更大的涨跌幅，但杠杆并不能成为交易者（这里指的是想通过期权长期、稳定获利的交易者）的立足点，因为杠杆是一把双刃剑，涨得快跌得也快，并不能保证可持续、高胜率、低风险的盈利。搞清楚自己赚的是什么钱，自己的理论胜算在哪里，对于在期权市场上长期、稳定获利，是非常重要的。我们在第 3 章中介绍了一些市场洞见，这些洞见可以成为我们期权交易获利的基础。

2.4　期权的希腊值

前面我们提到，B-S 模型在理论上给出了比较精确的计算期权价格的公式，该公式表明，期权价格受到股价、行权价、行权日期、股价波动率、市场利率等因素的影响。这些因素对期权价格的影响构成特定的期权风险，这些风险通常用相应的希腊值来表示。下面我们就来逐一介绍这些希腊值。

1. **Delta**。股价变动对期权价格的影响通常用 Delta 来表示，即 Delta 代表了期权价格对股价的变动比率。换句话说，当股价变动一个单位，期权价格相应产生的变化值就是 Delta。

$$\text{Delta} = \text{期权价格的变化}/\text{股价的变化}$$

举例来说，某日哔哩哔哩（BILI）还有 54 天到期的行权价为 17.5 美元的看跌期权合约，其 Delta 值为−0.358。其含义是，在其他条件不变的情况下，股价上涨 1 美元，这个看跌期权的价格将下跌 0.358 美元。

Delta 的取值在−1 至 1 之间，看涨期权的 Delta 为正值，取值区间为 0 至 1 之间；看跌期权的 Delta 为负值，取值区间为−1 与 0 之间。图 2-4 是看涨期权的 Delta 曲线，而图 2-5 将看涨期权、看跌期权的 Delta 曲线放在一起比较。

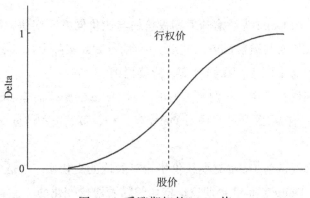

图 2-4 看涨期权的 Delta 值

此外，平值期权的 Delta 绝对值为 0.5；实值程度越高的期权 Delta 绝对值越大，深度实值期权的 Delta 绝对值接近 1，即深度实值看涨期权的 Delta 接近 1，而深度实值看跌期权的 Delta 接近−1；虚值程度越高的期权 Delta 绝对值越接近 0，即深度虚值看涨期权的 Delta 从正数趋近于 0，而深度虚值看跌期权的 Delta 从负数趋近于 0。一般来说，随着到期日的临近，根据实值、虚值状态不同，看涨期权的 Delta 会向不同数值收敛，实值的接近 1，平值的接近 0.5，虚值的接近 0；看跌期权则正好相反，实值的接近 -1，平值的接近 -0.5，虚值的接近 0。在实际交易中，期权和股票经常组合成各种头寸进行交易，通常认为标的股票合约的 Delta 值就是 1，这样就可以计算整个头寸的 Delta 值，从而确认暴露的 Delta 是多少，并计算相应需要对冲的 Delta。

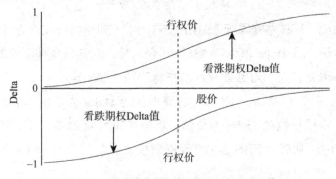

图 2-5　看涨期权与看跌期权的 Delta 值

此外，正的 Delta 头寸意味着期权价格与股价同方向变动，负的 Delta 头寸意味着期权价格与股价反方向变动。因此，Delta 实际上代表了期权的方向性风险。对于这个概念，我们后续会持续提到。

在实际期权交易中，我们更关心的是对 Delta 的解读而非 Delta 的具体计算。一般来说，在实际交易当中对 Delta 有三种解读，每种解读对交易者来说都十分有用。

第一种解读认为 Delta 是期权价格相对股价的变化率。这是根据 Delta 的定义得来的。Delta 就是度量期权价格如何随着股价变化的。通常来说，Delta 可以用不加百分号的百分比，1 可以写作 100%，省略百分号后可以直接写作 100。看涨期权的 Delta 都在 0~100，即相对于股价来说，期权价格变化的速度将为 0~100 的一个数值。比如一个看涨期权的 Delta 是 35，这表示当股价变动 1 个单位时，期权价格将变动 0.35 个单位。

第二种解读是对冲比率。如果一个头寸组合的整体 Delta 等于 0，那么这个头寸组合就是 **Delta 中性的**（Delta neutral），也就是这个头寸的价值不会随着股价的上升或下降而发生改变。由于标的股票合约的 Delta 被假定为 100（即 1 的百分比格式，省略百分号），因此用 100 除以期权的 Delta 值就可以得到一个 Delta 中性的对冲比率。根据这个对冲比率，就可以买入或卖出相应的头寸，来使整体头寸的 Delta 变为 0。一个 Delta 为 60 的看涨期权，其对冲比率为 100/60 = 5/3，每买入 5 张期权合约（Delta：60 × 5 = 300），需要卖出 3 手股票（Delta：–100 × 3 = –300），从而建立一个 Delta 中性的组合。理论上，这个组合的价值不会因为股价变动而改变，但实际上，Delta 是随着股价的变动随时在发生变化的，Delta 中性策略需要交易者实时调整头寸，以满足整体头寸持续的中性要求。

第三种解读是 Delta 可以近似地表示期权在到期日成为实值的概率。如果一个期权的 Delta 是 75，则表明该期权在到期日大约有 75% 的概率成为实值期权。Delta 越大，期权成为实值的可能性越大。平值期权的 Delta 绝对值在 50 附近；实值期权的 Delta 绝对值大于 50，并且实值程度越高越接近 1；而虚值期权的 Delta 绝对值小于 50，并且虚值程度越高越接近 0。对于期权交易者，尤其是期权卖方来说，Delta 是一个相当有用的简易指标。在卖出一张期权合约的时候，所有人都会有自己的判断，即在到期日时该期权成为实值的概率有多高，从而确定自己的风险承受度和安全边际。

2. **Gamma**。Gamma 是股价变化对 Delta 的影响，即股价每变动 1 个单位，期权 Delta 产生的变化。Gamma 实际上衡量了 Delta 对于股价变化的敏感程度。

Gamma = Delta 的变化/股价的变化

新 Delta = 原 Delta + Gamma × 股价的变化

Gamma 实际上通过作用于 Delta，从而作用于股价。在数学上，Delta 是期权理论价格曲线的斜率，亦即期权价格相对于股价的变化率，是股价的一阶导数；而 Gamma 是 Delta 曲线的斜率，亦即期权 Delta 相对于股价的变化率，是股价的二阶导数。图 2-6 是看涨期权 Gamma 曲线的示意图。

通过看 Delta 曲线的斜率，我们可以知道，无论是看涨期权还是看跌期权，其 Gamma 都是正值，且平值期权的 Gamma 最大。随着期权变为实值期权或虚值期权，Gamma 减小（见图 2-6）。这个特点对于交易新手来说略微有些反直觉，因为我们比较习惯接受看涨期权拥有正 Delta，看跌期权拥有负 Delta。

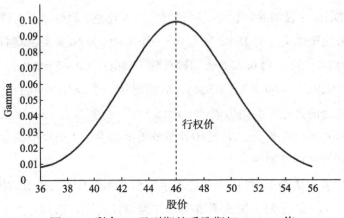

图 2-6　剩余 60 天到期的看涨期权 Gamma 值

Gamma 是 Delta 曲线的斜率，因此，无论是看涨期权还是看跌期权都拥有正 Gamma。换句话说，只要交易者拥有了期权多头头寸（long position，即买入期权），也就拥有了正 Gamma 头寸，亦即 Gamma 的多头头寸；如果交易者拥有的是期权空头头寸（short position，即卖出期权），就拥有了负 Gamma 头寸，亦即 Gamma 的空头头寸。

此外，新 Delta 总是在原 Delta 基础上加上 Gamma 的影响，因此，股价的涨跌变动、Gamma 对 Delta 的影响，可以概括如下（见表 2-2）。

表 2-2　股价与 Gamma 头寸、Delta 关系变动表

股价变动	Gamma 多头头寸 （买入看涨或看跌期权）	Gamma 空头头寸 （卖出看涨或看跌期权）
股价上涨	Delta 增加	Delta 减小
股价下跌	Delta 减小	Delta 增加

Gamma 有几个特性需要注意，第一是波动率较低的期权在平值状态附近拥有相对较高的 Gamma（见图 2-7）。

第二是随着时间的流逝，Gamma 钟形曲线会变得陡峭，尤其对于平值期

权来说（见图 2-8）。

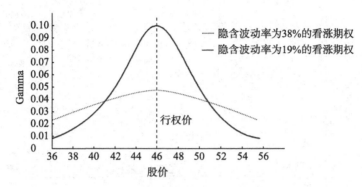

图 2-7　不同波动率期权的 Gamma 值

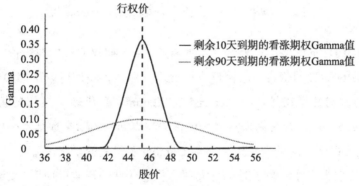

图 2-8　不同到期日期权的 Gamma 值

第三是在临近到期日时，平值期权拥有最大的 Gamma（见图 2-9），交易者需要密切留意期权的价性状态（实值、虚值、平值）。在期权临近到期日时，对于平值期权来说，由于拥有较大的 Gamma，股价的微小变动会使期权的 Delta 发生迅速、大幅的变动，从而影响期权本身的价值。因此，股价的微小变动很可能使已经盈利的头寸迅速转为亏损。在期权临近到期日时，交易者应当特别关注 Gamma 风险。

前面我们提到，标的股票合约的 Delta 为 100。根据定义，Gamma 是 Delta 相对于股价的变化率，但由于股票的 Delta 恒定为 100，相应地，股票的 Gamma

值则为 0。

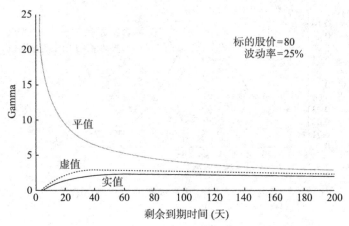

图 2-9　期权实值、虚值、平值状态与 Gamma 值

在介绍 Delta 时我们已经知道，拥有正 Delta 期权的价格与股价同方向变动，负 Delta 期权的价格与股价反方向变动。因此，我们可以认为 Delta 代表了期权的**方向性风险**（direction risk）。Gamma 则代表了期权的**量级风险**（magnitude risk）。在交易期权时，仅仅关注方向性风险是远远不够的，还需密切关注方向性风险的**变化速度**，即 Gamma 所代表的量级风险。一般来说，Gamma 的多头头寸隐含了对市场大幅、快速变动的预期；相反，Gamma 的空头头寸则隐含了对市场小幅、缓慢变动的预期。这一点对于刚接触期权交易的人来说，有些难以理解。首先，Gamma 多头头寸实际上是期权买入方，买入方是有时间成本的，因此希望市场能快速变化；Gamma 空头头寸是期权卖出方，卖出方收获时间价值，最希望市场缓慢变化，时间价值自然流逝。其次，对于 Gamma 多头来说，买入看涨期权在上涨的市场中会形成更大的 Delta 正值，Delta 正值表明期待市场上涨，更大的正值表明更期待市场上涨；买入看跌期权（long put），在下跌的市场中会形成更大的 Delta 负值，Delta 负值表明期待市场下跌，更大的 Delta 负值表明更期待市场下跌。也就是说，Gamma 多头实际上更期待市场有更大幅度的变化，Gamma 空头则正好相反。

卖出看涨期权在市场上涨的时候会形成更大的 Delta 负值，而这不是我们所希望的；卖出看跌期权在市场下跌的时候会形成更大的 Delta 正值，这也不是我们所希望的。因此对于 Gamma 空头头寸来说，最好是市场保持不变或小幅变动。

因此，当我们建构的头寸是 Gamma 多头头寸时，实际上隐含了我们对市场剧烈变动或是快速变动的预期；当我们拥有 Gamma 空头头寸时，则表达了我们对市场小幅变动或是缓慢变动的预期。这一点希望大家牢记。

3. **Vega**。Vega 是衡量波动率的单位变化对期权价格的影响。在其他条件不变的情况下，波动率增加 1%或减少 1%，期权价格的变化情况就是 Vega。Vega 在交易圈中被经常使用（学术圈一般使用 Kappa 来表示波动率的影响这个风险）。如 Vega 值为 0.42 的期权，当隐含波动率上升 1%时，其期权价格增加 0.42。

Vega 通常具有以下几个性质：

第一，期权的 Vega 总是正值。对于所有期权来说，波动率增加意味着期权价值增加，波动率减小意味着期权价值减小。因此，无论是看涨期权还是看跌期权的 Vega 都是正值。买入期权就拥有了正 Vega，可以从隐含波动率的上升中获利；卖出期权就拥有了负 Vega，可以从隐含波动率的下降中获利。更大的波动率往往意味着更大的动能和更大的可能性，从而也意味着更高的价格。

第二，具有相同标的、相同行权价、相同到期日的看涨期权和看跌期权的 Vega 是相等的。平值期权的 Vega 大于实值期权和虚值期权的 Vega（见图 2-10）。换句话说，平值期权对波动率最为敏感。

第三，拥有更长到期时间的期权对波动率更为敏感（见图 2-11）。这是因为，有更长的到期时间，波动率就有更多的时间发挥作用。这也说明时间跟波动率密切相关。

第四，Vega 实际上在衡量交易者是否想要一个更高或更低的隐含波动率，即基于期权交易者交易时的报价，倒算回来的隐含在当下期权价格当中的波动率。相关的 Vega 头寸表达的是对隐含波动率的预期。此外，交易者也用

Gamma 来衡量是否期望一个更高或更低的已实现波动率（realized volatility），即期望股票价格更波动还是更平稳。相关的 Gamma 头寸表达的是对已实现波动率的预期。很多时候，隐含波动率和已实现波动率是同步变化的，尽管并非总是如此。

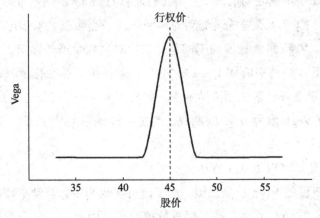

图 2-10　期权的行权价格与 Vega 值

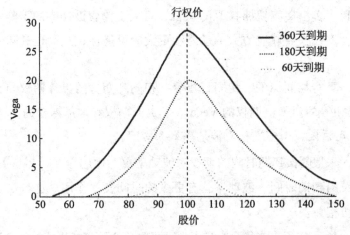

图 2-11　不同到期日期权的 Vega

4. Theta。Theta 衡量时间流逝对期权价值产生的影响。由于所有期权的价值都会随着时间流逝而减少，因此 Theta 代表了每天期权价值减少的数值。

如一张期权合约的 Theta 值为 0.75，那么假定其他条件都不变，一天之后，期权的价值将减少 0.75。由于期权时间价值单向衰减，所以对于持有期权的人（即期权多头）来说，Theta 就是负值，表示每天价值的衰减；对于卖出期权的人（即期权空头）来说，Theta 就是正值，表示每天收获的时间价值。

前面我们在介绍 Gamma 时提到，期权多头（无论是看涨期权还是看跌期权）拥有正 Gamma，而期权空头拥有负 Gamma，这一点和 Theta 正好相反。也就是说，期权的 Gamma 和 Theta 的正负总是相反的。这表明，要想获得大幅、迅速的市场价格变动，就要承担期权时间价值流逝的风险；要想收获期权的时间价值，就要接受市场小幅、缓慢的变动。Gamma 和 Theta 是鱼与熊掌的关系，也是一对相互制衡的力量。在构建交易头寸时，一定要想清楚自己对市场的预期是什么，希望市场怎样变动，在哪里赚取价值，同时愿意承担怎样的风险。

如图 2-12 所示，在期权即将到期的最后一段时间里，Theta 的衰减会非常迅速。具体来说，在接近到期日时，平值期权的 Theta 衰减得最为迅速，这是一个非常重要的特征。

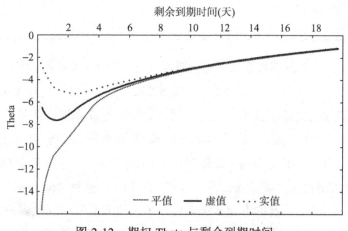

图 2-12　期权 Theta 与剩余到期时间

5. **Rho**。Rho 衡量的是无风险利率变化一个单位对期权价值的影响。由于多年来利率处于较低水平，利率对股票期权的影响一般来说被交易者认为是最不重要的因素，除非是在极端利率环境下。

Rho 具有以下几个性质：

第一，对看涨期权来说，Rho 是正值，利率上升，期权价值增加；对看跌期权来说，Rho 是负值，利率上升，期权价值减小。

第二，对看涨期权来说，股价越高，利率的影响越大；对看跌期权来说，股价越低，利率的影响越大。此外，利率对实值期权的影响大于对虚值期权的影响。

第三，随着到期日的临近，利率对期权价值的影响将越来越小。

一般来说，期权的希腊值表明期权合约的特定风险，对于不同的多空仓位，希腊值的符号也各不相同。对于看涨期权和看跌期权，我们总结如下（见表 2-3）。

表 2-3 看涨期权与看跌期权的风险特征

期权仓位	Delta	Gamma	Theta	Vega
看涨期权多头	+	+	−	+
看涨期权空头	−	−	+	−
看跌期权多头	−	+	−	+
看跌期权空头	+	−	+	−

可以看到，看涨期权多头、看跌期权空头的 Delta 为正值，实际上受益于股价上涨，表明对后市的看涨态度；看涨期权空头、看跌期权多头的 Delta 为负值，实际上受益于股价下跌，表明对后市的看跌态度。此外，期权多头仓位的 Gamma 为正值，表明希望市场大幅、迅速变动，而空头仓位的 Gamma 为负值，表明希望市场小幅、缓慢变动。Theta 与 Gamma 正负正好相反。正 Theta 表明时间价值衰减将增加头寸价值，负 Theta 表明时间价值衰减将减少头寸价值。最后，所有的期权多头都受益于波动率上升，因此多头头寸 Vega 为正值，表明波动率上升将增加头寸价值，波动率下降将减少期权价值；而期权空头受益于波动率下降，因此空头头寸 Vega 为负值，表明波动率下降将增加头寸价值，波动率上升将减少头寸价值。

2.5 期权与权证

期权和香港的权证（warrant）都是金融衍生品，但略有不同。首先，期权没有发行方，不受发行数量的限制，由买卖双方在期权交易所自行报价、成交，行权价、行权日期、合约乘数都是标准化的，因此，期权理论上的供应量可以近似看成是无限大的，只要有买方和卖方，就可以形成无数张期权合约；权证是由券商或上市公司发行的非标准化合约，行权价、行权日期、合约乘数等都是单独设定的，发行的数量也有限，投资者只能交易已发行的权证。其次，期权交易者可以选择成为看涨期权或看跌期权的多头（即买入看涨期权或买入看跌期权），也可以选择成为看涨期权或看跌期权的空头（即卖出看涨期权或卖出看跌期权），选择余地比较大，尤其对于空头，有权利金可收，等于多了一条生财之路；权证则不然，无论是认购还是认沽，投资者必须先买入，才可将其卖出，不能像期权一样，初始交易就直接选择持有空头头寸。再次，期权交易的双方根据各自的定价模型，计算符合期望值的期权价格，再进行报价、交易。双方交易一旦完成，所得出的股票隐含波动率更有效率，对交易双方也更公平，这是因为它是在市场化机制下形成的；权证的发行价则是由发行机构设定的，发行机构对权证定价具有相当大的话语权，这个机制在源头上对交易者来说就不是很有利。最后，股票期权采用实物结算，而权证采用现金结算。股票期权被行权后，期权卖出方可能要卖出股票或买入股票，而权证在到期日是以现金结算的。比如 Facebook 某日的股价为 170 美元，交易者持有 Facebook 的 1 张行权价为 165 美元的看涨期权合约，假设在行权期内，Facebook 的股价大幅上涨至 190 美元，那么交易者就有权利以 165 美元的价格购买 100 股股票。行权完成后，交易者以 165 美元的成本持有 100 股 Facebook 股票，这时候仍能享受股价日后上涨带来的收益，收益空间是开放的。权证则不然，它采用现金结算，结算实际上跟股票没一点关系，即便认购、认沽权证获利，获得的也是现金，并不能实现低价格持股的目的。因为不以股票结算，因此也并不能享受股价日后的上涨收益。现金结算颇有一了百了的意味，但尽管如此，在香港市场上，权证交易的活跃度还是远远超过股票期权的活跃度，这是一件很有意思的事情。

第 3 章 高胜率期权交易的要点

对于期权交易来说，有一些基本事实、基本洞见，是我们做期权交易的策略心法。深刻领悟这些基本事实、基本洞见，交易者可以在期权交易当中占尽天时、地利、人和，收到事半功倍之效。

在第 1 章结尾时，我曾提到期权定价模型假设股价是呈正态分布的，而这对于优质公司和劣质公司来说，可能未必是准确的描述，因此造成了一定程度上的定价偏差，而这些定价偏差就是期权可以持续获利的来源之一。本章我们会深入讨论期权持续获利的几个基础，为下一章介绍常见的交易策略做准备。

通常来说，我们不会讨论股票交易获利的可能性这样的问题，因为对于国内这种单边做多的市场来说，股票获利的唯一可能性就是买了股票后股价上涨（不考虑分红）。即便在可以做空的市场上，股票获利也需要靠卖出价和买入价的差价来实现。因此，股票这种金融产品其实是线性的，也是最容易理解的。期权则不然。前面提到，期权的定价与股价、股价波动率、行权日期、行权价以及市场利率都相关，是一个受多种因素影响的、非线性的金融产品。简单来说，期权的价格以及期权的获利与股价变化并非完全线性相关。在下一章介绍各种策略的时候我们会陆续看到，同一个策略，可以在股价下跌时赚钱，可以在股价横盘时赚钱，也可以在股价微涨时赚钱。这种盈利的多样化和获利的非线性特点，总体上使期权交易与股票交易相比有更多的获利可能。接下来我们会讨论三个要点，这三个要点对于理解期权以及期权交易来说，都至关重要，也是后续所有策略的基础。

3.1 期权卖方的获胜概率更高

期权卖方的获胜概率大于期权买方。根据一些研究，80%左右的期权在到期日价值归零，60%左右的期权在到期日前进行了平仓，只有10%左右的期权在到期日或之前选择了行权。[一]此外，另一些统计表明，在趋势性市场中，到期日价值归零的期权比例甚至可以高达96%。这说明，大多数期权买方手中的期权在到期日价值都为零，也就是说，无论是看涨期权还是看跌期权，只要买方持有至到期，大多数都是废纸一张，没有任何价值。这个统计结果并不包含买入期权但未持有至到期，而是根据实际情况选择平仓或行权的情况，但由于期权合约都有对手方存在，因此持有至到期的交易是一个零和博弈，有人赚钱就有人亏钱。这并不是说期权买方不能获利，而是就那些持有至到期的期权买方合约来看，获利的概率是较低的。这是一个多年来横跨多种期权类别、具有普遍意义的统计结果，这个结果应当被认真对待。所有的期权交易者，尤其是想持有至到期的买方，都应该问问自己对标的的研究是否深入，对到期后期权是否有价值、有多少价值有多大信心。就我自己的经验以及身边做期权交易的朋友的经验而言，也是如此，很多人亏钱都亏在买看涨期权或看跌期权上面，无论他们是否持有至到期，都是如此。

此外，当时和索罗斯共同创立量子基金的吉姆·罗杰斯（Jim Rogers），对买期权也有过相当讽刺的说法，他说如果你想快点去福利院，那你就开始买期权[二]吧，这是亏钱的一大良方。并且他认为买入期权的人90%最后都是亏钱的。罗杰斯个头不高，晚年移居新加坡，两个女儿都是"中国通"。和索

[一] CORDIER J, Gross M. The Complete Guide to Option Selling [M]. 3rd ed. New York: McGraw-Hill Education, 2015: 9, 26-27.
[二] 施瓦格.金融怪杰 [M]. 北京: 机械工业出版社, 2016: 253.

罗斯分道扬镳后，他在期货市场和股票市场都做得风生水起，还亲自编制了一个期货指数，可谓是沙场老将。他的话虽然有些尖刻，但更多是经验之谈，多少也印证了一部分研究统计的结果。因此，如果我们知道了卖期权的获胜概率大于买期权，那么尝试从卖期权开始交易，很可能是个不错的开端——至少概率站在这一边。这是一个反直觉的建议，尤其是对国内初次接触期权的朋友来说，大家习惯了看涨，不习惯看跌，熟悉了先买、后卖，不熟悉先卖、后买。在期权交易里，不仅有看涨，而且有看跌，看涨和看跌不仅都可以先买、后卖，而且都可以先卖、后买，甚至先卖、后不买（自然到期）。对此，大家多少可能会有些不习惯、不熟悉，不过没关系，首先理清楚其中的逻辑，多接触几次就会渐渐习惯。另外，我们的直觉未必可靠，很多伟大的交易都是反直觉的。在后续的章节中，我会介绍新手交易策略的应用顺序和老手交易策略的应用顺序，有些思路某种程度上也是反直觉的，这里可以先略过。

3.2 期权时间价值单向度衰减

期权的时间价值在不停衰减。在第 2 章中我们已经知道，期权的价值等于内在价值与时间价值之和，而虚值期权只有时间价值而没有内在价值。期权和股票相比，最大的特点之一就是期权是有时间限制的，无论是几周到期的周度期权还是几年到期的长期期权，只有在限定时间内才可以行使相应的权利，因此期权才有了时间价值。也正因为如此，期权的时间价值是随着到期日的临近不可避免地单向度衰减的。无论是对于看涨期权还是看跌期权来说都是如此，这是期权交易中非常重要的一个结论。怎么理解呢？如果交易者是期权的买方，时间就是你的敌人，随着时间的流逝，期权的价值在减少，交易者获利的希望主要在于标的资产的价格变动。比如交易者买了看涨期权，看涨期权的时间价值会随着时间流逝而减少，在不考虑其他因素的情况下，交易者主要依靠标的股票价格的上涨获利，如果相应的股票涨了 1%，看涨期权可能有 6% 的涨幅，而如果其他条件都不变，且股价没有上涨，那么期权合约每天就会损失相应的时间价值。如果交易者是期权的卖方，那么时间就是你的朋友，从理论上讲，假设所有条件都不变（股价、波动率、利率等），期权的卖方每天都可以从时间流逝中赚到期权的时间价值。听上去是不是很神奇？事实确实如此，这可能是市场上为数不多的具有"躺赚"特色的产品。

西方有俗谚说，世界上有两种东西不可避免，第一是死亡，第二是税收。现在有人加上了第三个，那就是期权时间价值的消亡。应该怎么贴切地描述这种期权时间价值衰减的特性呢？它大概类似于逆向的货币的时间价值。货币的时间价值是指今天的一元钱一定比两年后的一元钱值钱，因为存在利率（暂且不考虑负利率的情况，负利率出现的时间短、范围小，且是一种特殊情况），货币的价值随时间流逝而增加，两年后的一元钱要通过适当的利率折现到今天，才是今天的价值。期权的时间价值恰恰相反，所有期权的时间价值都随时间流逝而减少，因为时间是不可逆的，所以期权的时间价值一直在减少，且不可逆转。从这个意义上来说，期权时间价值的衰减类似于"时间税"，不可避免，且不得不交。弄清楚这一点，对交易期权的朋友来说，真的是太重要了。

此外，由于虚值期权只有时间价值，而没有内在价值，因此从整体上说，卖出虚值期权，在假定所有其他条件不变的情况下，随着时间的流逝，交易者每天都能收获期权的时间价值。相反，如果是虚值期权的买方，假定所有其他条件不变，每天都会损失期权的时间价值。虚值期权的另一大特点，是在标的资产价格变动的时候，其价格涨跌幅度会非常大，因此很多人喜欢买虚值期权，其实就是想赌一把。如果赌对了，收益率可能会非常高，标的资产上涨2%，虚值看涨期权可能会上涨20%甚至更多；如果赌错了，损失也有限，因为虚值期权没有内在价值，只有时间价值。我并不是说不能赌，每个人的交易目的不同，对标的公司的研究也不同，当然可以有多种交易方法，可是一旦你买了虚值期权，一定要记清楚，随着时间流逝，如果标的资产的价格没有按照你的预期方向进行变动，那么期权的价值就是在每时每刻减少的，绝大多数虚值期权到最后都是废纸一张。举个例子，可能相对好理解一点。假设苹果公司现在的股价为264美元，一个月后到期的行权价为275美元的看涨期权价格是 2.3 美元，这就是一个虚值期权，因为看涨期权的行权价高于现在的股价。简单来说，如果一个月后到期时苹果的股价没有超过 275 美元，这个看涨期权的价值就归于零，因为没有人会在当下股价没有超过 275 美元的时候花 275 美元去买股票；如果股价上涨超过 275 美元甚至超过 280 美元，那么这个看涨期权可能会有 450%～700% 的涨幅，这也是很多人喜欢买虚值期权的原因之一；如果在到期日前股价小幅上涨至 270～275 美元，看涨期权的价值就比较复杂，是股价上涨带来的涨幅减去时间价值的衰减，是一个综合结果，且如果最终到到期日时，股价没有超过 275 美元，看涨期权的价值也会归为零。这就是时间价值衰减的威力。

3.3 期权隐含波动率均值回归

期权的隐含波动率有均值回归（reversion to the mean）的特性。在第 2 章的时候我们已经了解到，期权的价格由股价、股价波动率、行权价、行权日期、市场利率这五个因素共同决定，并且如果知道其中的四个变量，就可以求出第五个变量。在现实中，市场参与者在交易期权时，系统会根据所有参与者的报价，倒算出股票当下的股价波动率。由于每时每刻的信息不同，市场参与者的预期和情绪也不同，有时过于乐观，有时过于悲观，因此报价也不同，倒算出的隐含波动率有时高，有时低。券商一般会根据过去一年或一个月的股价波动情况，计算出历史波动率，这个波动率是股价已经实现的波动率。一般认为，历史波动率代表了股票波动水平的平均值。我们这里的洞见是，股票的隐含波动率有均值回归的倾向。也就是说，如果隐含波动率相对于历史波动率过高，那么很可能在未来某个时间点，隐含波动率会降低；如果隐含波动率相对于历史波动率过低，就很可能会在某个时间点开始上升。一般券商系统都会给出这两个波动率，或是给出这两个波动率的比值，交易者可以直接加以利用，进行判断。

我们在第 2 章中知道，隐含波动率的高低和期权价格直接相关，隐含波动率越高，期权价格也就越高，反之亦然。这也是一个可以加以利用的特性。

一般来说，从总体上看，在假定其他条件不变的情况下，在隐含波动率低的时候，成为期权的买方，即便股价没有发生明显的变化，期权价格也会随着隐含波动率的上升而上升；在隐含波动率高的时候，成为期权的卖方，即使股价没有变动，期权价格也会随着隐含波动率的降低而降低。期权的波动率是可以交易的，这一点和股票完全不同，是期权独有的特性。

均值回归，是一个在很多领域都普遍存在的现象，也是一个比较可靠的规律。《周易》里面有"无平不陂，无往不复"的说法，差不多也是这个意思。有些时候市场情绪亢奋，股价涨幅巨大，隐含波动率也持续处于高位；另一些时候市场持续悲观，股价阴跌不断或是窄幅震荡，隐含波动率也持续低于历史波动率。但所有这些都会随着时间的推移而改变，情绪变换，周而复始。《圣经》中说，已有的事，后必再有；已行的事，后必再行。日光底下并无新事。股市里的事，涨涨跌跌，再正常不过。这里需要注意的是，虽然均值回归是一个比较可靠的规律，但是回归的时间往往是不确定的，有时时间很短，有时时间却比较长，比如两个月的时间隐含波动率持续低于历史波动率也是很有可能的，因此在交易期权时，根据特定的交易目的选择到期日合适的期权合约就显得尤为重要。

此外，隐含波动率的变化与公司的一些重大事件（如季报时间节点）强相关，此时可以应用隐含波动率坍缩（implied volatility squeeze）策略（这其实是隐含波动率均值回归的一种特殊应用）。在美国市场这样的成熟市场上，上市公司定期（季度、半年度、年度）公布经营业绩是由证券法规确定下来的，只不过年度报告需要由第三方审计机构审定出具，季报及半年报通常无须审计机构背书，作为经营情况跟踪，由上市公司自行公布即可。由于美国市场总体上是有效的，而机构投资者又占据主体地位，加之近年来程序化交易盛行，一旦季报公布，各路交易者都会根据已有信息做出反应，经营成果和未来预期可以迅速地反映在股价当中，因此在美国市场上，季报公布后的股价变化极大。我们可以很容易在市场上看到在季报公布当天涨跌达 20%左右的股票。因此，期权交易者在给季报披露当周（或当月）的期权（通常是季报披露日当周的周度期权）报价时，为应对这种极高的不确定性，通常会将这种急剧的股价变化考虑在内，看涨期权和看跌期权的价格都会显著高于其他时间，造成股票当下的隐含波动率极高，有些时候隐含波动率对历史波动率的比值可以达到 140%、150%甚至更高。然而一旦季报公布，股价就会迅速做出反应后，不确定性消失了，看涨期权和看跌期权的价格会根据最新股价立刻进行调整，加上又是当周周五到期的周度期权，时间价值会在短时间内急剧减小并趋于零。利用季报后隐含波动率的迅速回落（通常隐含波动率对历史波动率的比值会回落到的 70%～80%）、时间价值快速急剧减小的特性来交易的策略，就是隐含波动率坍缩策略。简单讲，就是季报披露当周（或当月）的期权价格，很大一部分是时间价值。随着季报公布，隐含波动率回落，这部分时间价值与先前高波动率下的期权价值迅速被挤压，交易者从而获利。

这个策略在美国已经比较成熟，国内现在有上证 50ETF 期权、沪深 300ETF 期权，但上证 50ETF、沪深 300ETF 都是指数基金，不会像个股一样公布季度业绩，因此很难像美国市场那样，出现个股期权的隐含波动率周期性（通常是三个月左右）地上升、下降的过程。因此隐含波动率坍缩策略也很难被应用。对于策略的具体应用，我们会在后续章节陆续讲到，这里大家了解一下其背后的原理即可。

现在我们可以做一下小结了。首先，如果选择成为期权卖方，那么在获胜的概率上已经占了优势；其次，同样是对期权卖方，时间是交易者的朋友，每天可以"躺赚"时间价值；最后，如果在隐含波动率高企的情况下做了期权卖方，还可以收获隐含波动率降低带来的收益。正是因为有这三个重要的特点，卖期权可以成为一个非常好的策略。笔者本人在市场上交易获利，大约 80%来自卖期权。同时，在笔者使用这个策略四年多的时间里，所有期权的交易胜率都在 80%～85%的水平，也从实践上验证了策略的稳健性和可行性。但是卖期权具体应该怎么操作？是卖出看涨期权还是卖出看跌期权？这两种策略在重要性上完全一样吗？这就牵扯到一个非常重要的概念，也很可能是一个刷新大家既有认知的概念，即非对称性（asymmetry）。

学院派的金融学理论认为，风险和收益成正比，这是将波动率视为风险后得出的非常荒谬的推论。风险就是风险，高风险从来不会带来高收益。为什么我（以及一些其他交易者）的期权交易胜率可以保持在85%左右？就是因为在某些情况下，风险和收益是非对称的，用小风险可以获取大收益。这里面所隐含的，就是非对称性。人们往往出于审美需求，比较喜欢对称性，但在对称性的表面下，往往隐含着更为深刻的非对称性，非对称性可能才是更为本质、更为深刻的东西。大家都知道的二八定律，就是非对称性的表现，公司80%的价值大概由20%的员工创造等，几乎随处可见。人类自身的相貌美丑、智商高低、财富分布，也都有非对称的分布。更深刻地，非对称性可能是我们宇宙的根本特性之一，由杨振宁、李政道提出，吴健雄证实的宇称不守恒，就是微观物理世界打破对称性的结果。所以，再也不要简单地认为风险和收益成正比、高风险带来高收益了。很多时候我们必须在认知上超过其他对手，才有可能取得更好的成绩。期权策略种类繁多、千变万化，但常用的、能持续赚钱的大概不会超过六七种，这也隐约体现着二八定律，不是吗？

就拿股市来说吧，因为人类社会在进步，经济在发展，股市总体上是长时段向上的，而非横亘不前的，随便拿出标准普尔500指数、纳斯达克指数或是时间更久的道琼斯指数看一下就能印证这个说法。股市本身的上涨和下跌是非对称的，也正因为长期向上，所以卖出看涨期权（相当于对后市看跌）和卖出看跌期权（相当于对后市看涨）这两种卖期权策略的地位、作用并不是完全相同的。一般来说，从长时段看，对于优质公司来说，卖出看跌期权的策略明显优于卖出看涨期权，也就是优质公司长期被看涨，这个时候卖出看跌期权更容易获利，难道要下注优质公司长期下跌？巴菲特是怎么说的？永远不要做空啊！有朋友会说，那对劣质公司而言，是不是卖出看涨期权更容易获利呢？非常正确，因为劣质公司长期看是要下跌的，但卖出看涨期权作为一种可以使用的策略，仍然没法和卖出看跌期权相提并论，为何如此呢？因为发现优质公司很容易，我们经常用常识就可以判断个八九不离十，但是要发现劣质公司就没那么容易了，并且能找准股价即将下跌的时机，然后再卖出看涨期权进行交易获利，实在属于难上加难。有些人的确发现了劣质公司，也进行了某种程度的做空，但仍然亏钱，就是因为市场的非理性可以持续很长时间，以及做空时机非常难以把握。股市是整体向上的，优质公司更是如此，因此卖出看跌期权是一个更好的选择。

如果我们做些延伸性思考，就会发现，交易期权在某种程度上是一种非对称的价值投资。按照格雷厄姆的原始观点，股票的价值投资指的是预估出公司的内在价值，并以低于这个价值的价格买入（即预留一定的安全边际）并持有，等待价值修复。也就是说，低价买入并持有，这是价值投资的原始定义，后来经过芒格的修正，巴菲特更多地开始以公道价格买入伟大公司，更强调伟大公司长期创造价值的过程。其中的细微差异，读者自可体会。但无论怎样，价值投资都认为现在付出的价格低于日后真正的价值，因此才有利可图。期权交易其实也如此。前面我们提到过，B-S 模型假设股价是呈正态分布的，但对于优质公司和劣质公司而言，长期看，股价很难讲是呈正态分布的，因此在给优质公司、劣质公司的期权进行定价时，会出现系统性偏差，也就是说：

1. 对优质公司而言，看涨期权被低估了；
2. 对优质公司而言，看跌期权被高估了；
3. 对劣质公司而言，看涨期权被高估了；
4. 对劣质公司而言，看跌期权被低估了。

这其实已经引出了我们下一章要重点介绍的几个基本策略，即对优质公司而言，对被低估的看涨期权进行买入，对被高估的看跌期权进行卖出；对劣质公司而言，对被高估的看涨期权进行卖出，对被低估的看跌期权进行买入。这四个基本策略，是我们在观察到 B-S 模型前提假设出现某种程度上的系统性偏差后，在此基础上进行逻辑推演的一般性结果。至于什么是优质公司、什么是劣质公司，每个人可能会有不同的理解。但无论如何，如果仅从低估时买入这一点上看，买入优质公司被低估时的看涨期权的策略与价值投资的定义，其实有异曲同工之妙。此外，如果我们认定某一公司确实是伟大公司，基本面良好并长期看涨，比如苹果、亚马逊、Facebook 等，一旦这些公司处于阶段性的价格低点，这时候应用买入看涨期权的策略，就很可能构筑了一个非对称的期权价值投资，因为买入看涨期权付出的成本是权利金。如果这个看涨期权行权的时间选择足够长，比如一年或一年以上，给市场足够的修复价值的时间，那么这个策略的下行风险就是全部已支付的权利金，而上涨空间却十分巨大。因此在这种情况下，如果我们综合考虑这个策略的预期收益（上涨概率×上涨收益＋下跌概率×下跌损失，这里下跌的最大损失就是 0），这个策略的下行风险和上涨收益就是非对称的，很可能可以实现以小博大的超额收益。

对于卖出看跌期权策略来说，同样如此。比如，对于一家优质公司来说，其近期价格已经回调 20%左右，使用一个行权价低于现价 10%的卖出虚值看跌期权的策略，同样也是价值投资。对此如何理解？大多数优质公司的股价回调，是由于一些暂时性的不利因素造成了市场的情绪悲观，并没有改变公司长期的基本面，因此股价的下行空间有限，也就是说这时候的未来股价很可能不是呈正态分布的，因此按照标准定价模型算出来的看跌期权价格是被高估的，可以卖出。卖出一个虚值看跌期权，再次预留出一部分下跌空间，只要股价没跌到这个虚值看跌期权的行权价以下，等到到期日，就完全可以赚到这笔卖出看跌期权的权利金。假设股价跌到 10%以下，这笔看跌期权空仓合约一般会被行权，也就是要以行权价购买相应的股票。这又代表什么呢？这代表我们以超低价格买了自己长期看好的公司股票。不仅如此，卖出看跌期权的权利金，还会冲减行权后从对手方购买股票时支付的成本，从而降低实际的持仓成本。这时候安心等待价值修复就是了，无须多虑。

这里需要注意两点，第一，我们虽然在做期权交易，但我们的目的是赚钱，所以并不反对持有股票，尤其是那些被长期看好的股票。期权和股票都服务于赚钱这个目的，都是可以加以利用的金融工具。低价持有优质公司的股票本身就是非常好的一个策略。第二，卖出看跌期权时要注意爆仓风险，也就是你账户余额中要有相应的现金，在期权被行权的时候，能接得住对手方的股票。一般来说，券商会根据交易者账户的保证金类型，实时计算账户的保证金。交易者的账户现金可以为负，但必须满足券商计算的保证金要求，否则就会遭遇部分或是全部平仓。保证金有不同的类型（有些是投资组合保证金，有些是 Reg T 保证金），每个券商的保证金计算方式也不同。一般来说，大多数券商会给出每笔交易保证金的预估变化，交易者无须自己计算，但需要时刻留意保证金的变化。后续有专门章节来讨论期权的爆仓风险，这里只是事先提一下。总的来说，如果账户余额超过行权后预估需要的资金（即保持行权后账户资金 ≥ 0），那么卖出看跌期权是不存在爆仓风险的。

本章我们首先探讨了期权交易能持续获利的基础（期权卖方胜率更高、卖期权可以"躺赚"时间价值、期权隐含波动率有均值回归的特性），引出了风险和收益的非对称性概念，并对价值投资的理念在期权交易领域做了适当延伸。如果说第 2 章是对期权基础知识的介绍，是铺垫，本章则是期权交易何以盈利的洞见，是点题，那么接下来的几章将是本书的正题，即期权具体策略和应用的介绍。

第4章　常用的期权策略

从本章开始，我们将陆续介绍一些常见的期权策略。总的来说，期权策略多达几十种，但我并不想将本书写得像教科书一样，巨细无遗、面面俱到。相反，这里介绍的策略，是应用简单、效果好、易理解、易掌握的一些策略。本书的目的是帮助有意学习期权交易的朋友，掌握一些关于期权的基本知识以及切实可行的交易技巧，可以在市场上赚到钱。因此，下面关于期权策略的介绍，将侧重于基本概念、基础逻辑、交易技巧和注意事项。正如前面提到的非对称性概念一样，在所有期权策略中，真正常用的、好用的、管用的策略，其实并不多，掌握好少数几个策略，完全可以收到事半功倍的效果。期权策略的学习，首先在于理解每种策略背后的基础逻辑，其次在于深刻理解何种场景选择何种策略，并不在于贪多务得或是出奇制胜。期权交易难的是"守正"，而非"出奇"。

在我们要介绍的各种策略中，又以六个基础策略为根本，其他各种策略是这六个基础策略的变形。我会用比较大的篇幅介绍这六个基础策略，而其中又以卖出看跌期权策略为重点，希望大家注意无处不在的非对称性。我甚至觉得，对于期权交易来说，如果要掌握一种策略，那只能是卖出看跌期权策略，因为它占尽了天时（时间价值衰减）、地利（卖方胜率更高）、人和（优质公司长期上涨）。

4.1 六种基础策略

我们说过 B-S 模型假设股价是正态分布的，但长期来看，对优质公司、劣质公司而言，这个假设可能并不正确（巴菲特也说，期权定价模型对公司长期而言可能是无效的，而且说过不止一次），因此对优质公司、劣质公司的期权定价会出现系统性的偏差，时间越长，偏差越明显。因为存在这种偏差，那么相应地就存在四种策略，分别是：

1. 优质公司看涨期权被低估，此时买入看涨期权；
2. 优质公司看跌期权被高估，此时卖出看跌期权；
3. 劣质公司看涨期权被高估，此时卖出看涨期权；
4. 劣质公司看跌期权被低估，此时买入看跌期权。

在这四种策略里，又以第二种策略——卖出优质公司看跌期权的策略为核心，原因前面已经提到，这里不再赘述。此外，如果在持有股票时，卖出看涨期权，就会形成卖出备兑看涨期权策略（covered call），同时开仓买入股票并卖出看涨期权，也可以直接构建卖出备兑看涨期权策略；如果在持有股票时，买入看跌期权，就会形成保护性看跌期权策略（protective put）。对于这六种基础策略，可以形成如下总结（见表 4-1）。

表 4-1 六种基础策略的特点和赚钱难易程度

策略	组成	特点	难易程度
卖出看跌期权	short put	常赚钱	易
卖出备兑看涨期权	long stock + short call	赚小钱	易
买入看涨期权	long call	赚大钱	难
保护性看跌期权	long stock + long put	亏小钱	易
买入看跌期权	long put	赌小钱	难
卖出看涨期权	short call	难赚钱	难

这些策略的排序，是按照表 4-1 右侧我总结的特点，以赚钱多少、赚钱难易程度为序进行排列的。下面就分别对每一个策略进行介绍。

第一是卖出看跌期权策略。其盈亏图如图 4-1 所示。

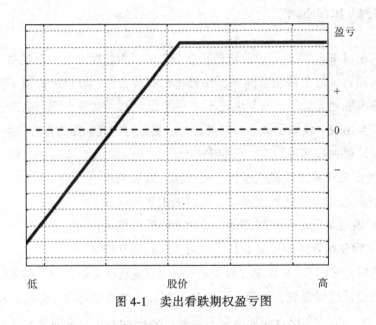

图 4-1 卖出看跌期权盈亏图

这个策略在前面已经略有提及，现在将其总结为七步法：

1. 选择优质标的公司（可以简单地理解为白马股）；

2. 耐心等待白马股回调到近期的低点，根据每个公司的情况不同，有些可能回调15%就到了近期低点，有些可能回调20%或是更多一些；

3. 选择成为期权卖方，首先确保在胜率上占优势；

4. 因为是白马股，选定卖出看跌期权策略，确保不跟白马股的长期上涨趋势作对，同时因为是期权卖方，开启收"期权时间税"的"躺赚"模式；

5. 在选择期权的行权价时，选择虚值期权，确保目前股价与虚值期权的行权价之间有足够的安全边际，这个安全边际因公司不同而不同，也因人而异，同时参考隐含波动率（对隐含波动率的解释，详见第5章），对可能的股价波动范围做到大体有数；

6. 在选择期权合约的到期时间时，选择2~8周的期权，确保期权的时间价值可以快速衰减，提高赚钱效率；

7. 经过上面六步后，选定合适的期权合约，根据账户资金情况，在系预估开仓后的保证金变化情况后,选择合约数量,开仓交易,并及时监控仓位风险。

下面举例进行说明,我们来看阿里巴巴(BABA)股票 2019 年 9~11 月的日 K 线图(见图 4-2)。

图 4-2　阿里巴巴 2019 年 9~11 月日 K 线图

资料来源：富途牛牛软件。

首先,阿里巴巴是个白马股,也就是绩优股,长期看涨,所以我们选定对它采用卖出看跌期权策略进行交易。其次,从 9 月 19 日 184 美元的高点到 10 月 2 日或 10 月 8 日 161 美元左右的低点,股价已经回调了 12.5%左右,继续回调 10%应该是个小概率事件,这时候选择一个月后到期、行权价为 145 美元左右的看跌期权合约卖出。建立卖出看跌期权仓位后,有两种可能,第一种,近期股价已经回调 12.5%,在没有重大利空的情况下,持续下跌的概率比较小。尤其是我们参考阿里巴巴股票 2019 年年度涨幅并不大的情况，预计下跌基本见底，或是即便下跌，下跌幅度也不会超过 10%，因为之前在选择 145 美元期权合约的时候，我们就已经把预估的下跌幅度涵盖进去了。随着股票的见底反弹以及时间的流逝，看跌期权合约的价值会迅速减小。这种股价方向性变化带来的期权收益，加上期权时间价值衰减带来的收益，实际上就是期权交易的"戴维斯双杀"，亦即从两个方面进行获利。第二种可能，无论因为何种原因，股价持续下跌，到行权日时，股价可能已经跌到 140 美元，这时期权清算所会进行行权指派，卖出看跌期权的交易者将从交易对手（即期权买方）那里以 145 美元的价格买回 100 股阿里巴巴的股票（这里假定是一张合约），同时将减少 14 500 美元现金。实际上是以 145 美元的价格持有了 100 股股票，按照当时的价格，造成了每股 5 美元的浮亏。这时候，安心持股就可以了。因为在进行交易之前，交易者就看好阿里巴巴股票的长期成长，现在以短期高点回调 22.5%左右的价格买入，其实是难得的建仓机会，可以安心等待价格修复。此外，开仓时卖出看跌期权所得权利金，也已经到手，行权时会冲减股票的持仓成本。假定当时看跌期权的价格是 1.3 美元，那么 130 美元已冲减股票持仓成本，阿里巴巴股票的真实持有成本就是每股 143.7 美元。这时候如果仍担心股价可能进一步下跌，可以采用卖出备兑看涨期权策略，即卖出 1 张看涨期权合约，收取权利金，进行一部分现金补偿，进一步降低持仓成本。但这个策略有一些固有的缺陷，后面我们会陆续讲到。以上就是一个简单的案例，来说明卖出看跌期权策略的应用。

  大家可以看到，这个策略的行权概率（或者说胜率）和选择的行权价、行权日期直接相关。如果要提高胜率，很简单，只需要将行权价选得更低即可，比如 140 美元，或是 135 美元，但相应的权利金就会比较少，145 美元的看跌期权合约价格是 1.3 美元，而 140 美元的看跌期权合约价格可能只有 0.8 美元，而 135 美元的看跌期权合约价格可能仅有 0.25 美元。所以对于期权合约的选择，一方面要考虑胜率，另一方面也要考虑可能获得的收益，必须在两者之间取得一个平衡。同时，如果选择的行权时间长，权利金自然就高，但等待的时间也就长，也就享受不到期权时间价值在两三周内迅速衰减、快速实现收益的乐趣。此外，股价在更长的时间内，也可以有更大范围的变化，所以如何选择行权日，也需要权衡。每个交易者都需要问自己：我的交易目的是什么？是想获得较大的权利金，还是想尽快获得收益？我想每个人的答案都不尽相同。

再回到前面说的七步法。有些朋友可能有疑问，比如什么是白马股？如何选择白马股？我想每个人心中的白马股都不同，有些人喜欢科技股，有些人偏爱医药股，有些人侧重金融股，不一而足。每个人的能力圈不同，偏好不同，因此所选择的白马股也不同。但如果你无论如何也搞不清楚或是选不出白马股，即那些你长期看好的股票，那么结论很简单，你不应该从事个股期权交易，甚至也不应该投资个股，买入指数基金可能是一个更好的选择。因为做期权交易的人，首先是对市场、对公司有看法的人，或是有比较好的商业直觉和商业常识，想通过自己的努力获取超额收益的人，所以这里假定，做期权交易的人能找出自己心中的白马股。

另外，有朋友可能会问，如果白马股不回调怎么办？在市场情绪比较乐观或是大牛市的时候尤其如此。对于这个问题，巴菲特在美国各大学演讲时被问过很多次，他的回答很经典：总会回调的（They always do），这是股市，没有不回调的股票，耐心等待就是了。巴菲特说最难的是什么也不做，我们只等最好的机会送到手边；芒格说别人比你富一点有什么关系。希望我自己以及诸位读者能谨记于心。

在有些教科书上，卖出看跌期权策略通常也叫作裸卖空看跌期权（short naked put）策略。所谓的"裸"，指的是没有与股票或其他期权头寸进行组合，风险直接暴露。如果在做空股票的情况下，再以更低的行权价卖出看跌期权，就不是裸卖空，因为卖出看跌期权被行权的风险，已经被卖空股票的空头仓位抵消了。即便交易对手在更低的价位行权，交易者也是以更低的价格买回股票，完成股票空头仓位的平仓。像这样，卖出期权的风险被其他股票仓位或是期权仓位所抵消，就不属于裸卖空。比如，交易者以 264 美元的价格卖空 100 股苹果股票，同时卖出 1 张一个月后到期、行权价在 260 美元的看跌期权，获得 150 美元的权利金。教科书上说，这个组合的风险要比单纯卖出看跌期权的风险低，原因在于，如果将来看跌期权被行权，交易者从交易对手那里买回的 100 股股票，刚好可以用来平股票的空头仓位，并实现 4 美元的做空股票的盈利。这单纯是从是否行权的角度来考虑风险的，其实比较片面。我们这里介绍的卖出看跌期权策略，使用范围有如下限定：第一是白马股，第二是近期回调低点，第三还要预留出行权的安全边际——行权价与当前股价的差值，即股价下跌的安全垫，第四是即便被行权，还可以以低价位实现对优质公司的持股。所以，期权教科书只是单独从期权的角度考虑是否被行权，而我们作为交易者，不要被固有的期权思路限制死，股票和期权都是可以使用的工具，该切换时就切换。

此处我们做一下小结。在卖出看跌期权策略中，交易者作为期权卖方，在胜率、时间价值的衰减、隐含波动率的均值回归上，都占有优势，在审慎选择期权行权价、行权日从而确定期权合约后，可以获得比较高的胜率，也就是赚钱的概率会比较大，所以我说这个策略的特点是"常赚钱"。

第二个策略是卖出备兑看涨期权。这个策略的盈亏图如图 4-3 所示。

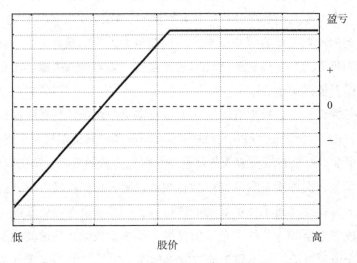

图 4-3 卖出备兑看涨期权盈亏图

大家可以看到，这个策略的盈亏图和卖出看跌期权策略的是一样的，因此这两个策略在收益上实际是等价的。这个策略的概念和应用都比较简单，它由股票多头仓位和卖空看涨期权构成。我们可以同时开仓，也可以先有股票仓位，再选择合适的时机卖出看涨期权。一般来说，看涨期权的行权价比现有股价高，因为没有人愿意亏钱卖股票。这个策略的逻辑在于，交易者在卖出看涨期权以后，收取了看涨期权的权利金，同时承担了在约定时期内以约定价格卖出相应数量股票的义务。由于本身持有股票多头仓位，所以即便在到期日期权对手方行权，交易者也没有交付股票的风险，即不存在在市场上卖空股票进行交付的风险。正是由于本身持有股票，卖出看涨期权的风险被持有的股票覆盖（cover）掉了，因此这个策略叫作卖出备兑看涨期权。仓中有股，不怕卖出，就是"备兑"的意思。

这个策略的优点在于，无论股价怎样变化，卖出看涨期权的权利金都是稳赚的，即无论股价是下跌、横盘还是上涨，卖出的看涨期权都能实现权利金的收益。这个策略充分体现了期权交易的非线性特点，不会因股价的单方向变化而获利。这和股票交易完全不同，股票交易必须依靠股价的上涨或下跌才可以获利（暂不考虑分红）。对这个策略来说，股价下跌，卖出看涨期权实现收益，可以弥补股价下跌带来的损失，降低持股成本；股价横盘，同样可以实现卖出看涨期权的收益，增加现金收入；股价上涨也是一样，不仅能实现权利金收益，股票的价值也会增加。但这个策略最大的缺点在于，一旦股价大幅上涨，虽然在股票部分、期权部分均实现了收益，但是可能错失股票在行权价以上的收益。比如，假设交易者现在持有100股亚马逊（AMZN）股票（见图4-4），持有成本是1850美元，股票现价是1820美元，一个月后1900美元的看涨期权是10.3美元，我们卖出这张看涨期权，就可以收到1030美元的权利金，构建一个卖出备兑看涨期权组合。

一个月后，如果股价没有超过1900美元，那么这1030美元就会变成收益，落袋为安；如果股价刚好在1900美元，那么这1030美元同样实现收益，同时，股票部分以1900美元卖出，实现5000美元的收益，这个策略的总体收益就是6030美元；但是如果股价大幅上涨，一个月涨幅达15%，达到2090

图 4-4 亚马逊 2019 年 9～12 月日 K 线图

资料来源：富途牛牛软件。

美元，那么这个策略实现的总收益与股价在 1900 美元是一样的，即 6030 美元，因为按照卖出看涨期权的期权合约，交易者需要在 1900 美元卖出股票，1900～2090 美元的股价涨幅与交易者就没关系了。因此，卖出备兑看涨期权，因为有备兑股票存在，所以卖出看涨期权的风险被覆盖掉了，但同时备兑股票的潜在上涨收益也被限制住了。当然，如果交易者长期看好这只股票，不想错失大幅上涨的潜力，但是又想在卖出备兑看涨期权上赚点小钱，那么交易者可以选择将行权价定得高一点，比如可以选择将行权价定在 2100 美元，预留出足够的上涨空间，但这样做卖出看涨期权的权利金就会比较少，2100 美元的看涨期权价格为 1.1 美元，一张合约也就只有 110 美元。究竟是卖出行权价为 1900 美元的看涨期权比较好，还是卖出行权价为 2100 美元的看涨期权比较好，或是卖出一个中间价位 2000 美元的看涨期权比较好呢？这是一个人言人殊、见仁见智的问题。如果交易者看好标的股票的长期上涨潜力，不想"因小失大"，就可以选择行权价高的看涨期权，也就是虚值程度更高的看涨期权，但虚值程度高的看涨期权就会比较便宜，交易者收到的权利金也比较少；如果交易者觉得当前市场情绪悲观，股价承压，一时半会儿难有太大涨幅，选择卖一个行权价相对来说不高的看涨期权，那么交易者收到的权利金就会多一些，但也有可能错失巨大的上涨。在上述例子中，如果股价大幅上涨到 2090 美元，虽然仍然实现了 6030 美元的收益，但错过了 19 000 美元的股票收益。鱼与熊掌不可兼得，无论如何，这个策略都是赚钱的，但是无论交易者如何选择行权价，赚到的基本都是小钱。

第三个策略是买入看涨期权，这个策略的盈亏图如图 4-5 所示。

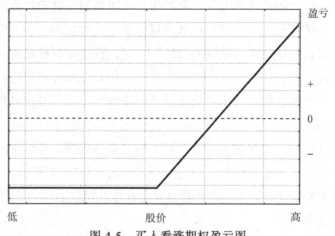

图 4-5　买入看涨期权盈亏图

这是一个赚大钱的策略，但应用起来很难。刚开始接触期权交易的朋友，往往从这个策略开始上手，觉得特别有成就感。为什么呢？因为买看涨期权最简单，又容易理解，加上期权本身就带杠杆，股票涨 1%，很可能看涨期权就涨了 5%、6%，甚至 7%、8%，可以以小博大、快速赚钱，所以就是"一时买 call 一时爽，一直买 call 一直爽"，直到有一天亏了大钱，才开始对买入看涨期权策略产生敬畏。可是这个学费一般都不便宜。我们做投资、做交易的目的其实就是赚钱，我在本书中提倡的交易理念是：重复做高胜率的交易，在市场中活得久才能赚得多，要以长时间、可重复、高胜率、低风险地赚钱为目的。但是一部分人将买入看涨期权基本上看成了像赌博一样的娱乐活动，有些人买入看涨期权可以赚钱，甚至赚了不少钱，但只要时间一长，赚钱的次数和亏钱的次数差不多，赚的钱和亏的钱总数上也差不多，更多人是亏钱的次数多，亏的钱也多。因此，很多人虽然通过买入看涨期权策略赚了钱，但本质上就是赌一把。这不是我们提倡的买入看涨期权策略。

看涨期权本质上是对公司未来价值的预期，使用买入看涨期权策略需要对公司业务、行业发展、公司价值有深刻的认识和深入的研究，并且对公司当前的估值有充分的认识，对股价的下行风险有充分的准备，这时候才可以用有限的风险，即看涨期权的买入成本，博取极大的潜在上涨收益。一方面，在看涨期权具体合约的选择上，要适当选择长时段的看涨期权合约，比如六个月起步、一年或是更长时间的看涨期权，便于应对短时间内出现的各种风险，预留足够长的估值修复的时间。另一方面，在选择行权价时，最好选择实值或是平值期权，以减少股价下跌的风险。如果选择虚值期权，一旦股价大幅下行，虚值期权的价值会迅速减少且很难恢复。无论是对公司所处行业的研究、公司估值的把握，还是对期权合约选择技巧的掌握，都不是交易新手可以立刻获得的。交易新手用买入看涨期权策略赚钱，更多靠的是一种运气。那些对公司、行业、估值、交易技巧都有很好把握的投资者，一旦建立了合适的看涨期权仓位，一年内的收益有时甚至会达到1000%，即10倍，这才是真正的赚大钱。

那么，普通的投资者如果想尝试买入看涨期权策略，应该怎么选择期权合约呢？除了上面讲的两点以外，选择合适公司的股票作为标的资产显得尤为重要，这就体现出投资者对行业与公司竞争优势的判断：什么是好的行业，什么又是好的公司？段永平先生是我十分敬佩的投资者之一，他有一句话概括得特别好——"长长的坡，厚厚的雪"，我觉得庶几近之。

巴菲特旗下基金经理托德·库姆斯（Todd Combs）在2011年第一季度以5400万美元的成本，买下了MasterCard（MA）216 000股股票，这就是一个很好的例子。卡组织这个行业，在美国基本上是 Visa、MasterCard 双巨头的格局，有极高的行业壁垒和强大的护城河优势。随着世界经济的发展，现金支付逐渐减少，信用卡、借记卡支付日渐增多，因此这个行业长期看涨，公司长期向好。2019 年 4 月托德在哥伦比亚大学商学院的演讲中提到，他当时之所以买 MasterCard，是因为这个公司的获客成本非常低。实际上银行在发卡的时候，持卡人就自动成了 MasterCard 的客户，堪称完美。当年的购买价格是 252 美元，经过 2014 年的 1 股拆 10 股，价格到了 291 美元，加上历年分红，这笔投资在接近 9 年的时间里，产生了 11 倍以上的回报。

以下是 MasterCard 的季 K 线图（见图 4-6，前复权）：

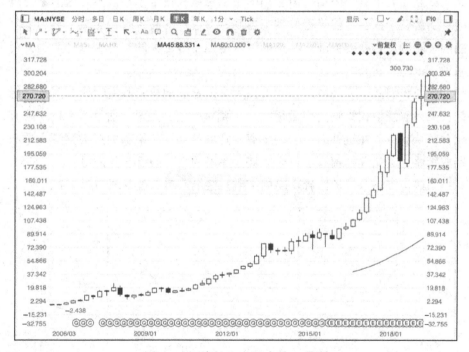

图 4-6　万事达上市以来季 K 线图

资料来源：富途牛牛软件。

有人可能会问，Visa 和 MasterCard 该如何选择？答案是，不用选择，都买。托德不仅买了 MasterCard，也买了 Visa，再加上巴菲特自己很早以前买的美国运通（AXP），这三家公司基本上覆盖了美国人的银行卡。如果要采用买入看涨期权策略，就需要找这种好行业、好公司、好时机，在低波动率的时候，审慎选择交易合约。

此外，IC电子设计自动化领域在我看来也是一个"长长的坡，厚厚的雪"的领域。该领域主要提供芯片电子设计自动化软件。简单讲，芯片制造工艺要求极高，如果没有这个软件，连芯片的"图纸"都画不出来，就更谈不上制造芯片了。目前全球该行业也基本呈现双巨头垄断格局——一个是新思科技（SNPS），另一个是铿腾电子（CDNS）。这两家公司都拥有极高的行业壁垒，那些耳熟能详的芯片制造商，比如英特尔、高通甚至华为，都在用其产品。虽然还有个别小公司，但它们的市场份额和技术水平达不到这两家的程度。随着整个社会智能化程度越来越高，对芯片的需求有增无减，再加上可能的车联网、物联网突破，芯片的需求量是十分巨大的，对于该行业的公司来说，也是长期利好。

此处我们做一下小结。一些人使用买入看涨期权策略能赚钱，主要靠运气。买入看涨期权策略要想做得好，需要对行业、公司、估值、下行风险有充分的认识，并在选择期权合约上有一定的技巧。如果真的想尝试买入看涨期权策略，建议选择拥有"长长的坡，厚厚的雪"的行业及公司。

第四个策略是保护性看跌期权策略。这个策略的盈亏图如图4-7所示。

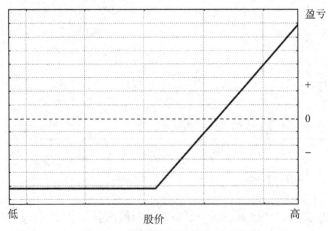

图4-7 保护性看跌期权盈亏图

从盈亏图上看,保护性看跌期权策略和买入看涨期权策略的盈亏图相同。换句话说,这两个策略的收益也是等价的。这个策略和卖出备兑看涨期权策略一样,是一个组合策略,但相对来说比较简单。它由股票多头仓位和看跌期权多头仓位组成,国内市场的朋友对这个策略应该不陌生。持有股票,却担心未来由于某种原因(可能是市场的原因,可能是公司的原因),股价突然大幅下跌,这时候为了对整个股票头寸提供某种程度上的保护,就可以买入相应数量的看跌期权。

假设我们以每股 350 美元的成本持有波音公司(BA)500 股股票(见图 4-8),现价为 368 美元,略有浮盈。交易者担心 737Max 的复飞时间再度推迟,或是出现更严重的安全事故,从而导致股价再度大幅下跌,这时候就可以买入 5 张看跌期权合约,用以对冲下行风险。

图 4-8　波音公司 2019 年 9～12 月日 K 线图

资料来源:富途牛牛软件。

如果我们选择一个月后行权价为 368 美元的平值看跌期权，其价格为 9.1 美元，5 张合约就是 9.1×100×5 = 4550（美元）；如果选择一个月后行权价为 355 美元的虚值看跌期权，其价格为 4.7 美元，5 张合约就是 4.7×100×5 = 2350（美元）。这里的隐含命题是，付出的成本和提供的保护是不一样的。如果需要完全保护，即一个月后如果股价大幅下跌，可以仍在 368 美元卖掉股票，那就要付出 4550 美元的代价；如果可以接受股价跌至 355 美元再卖掉，那就要付出 2350 美元的代价。如果一个月后，为了预防股价大幅下跌，我们想以 380 美元的价格将股票卖掉，从而购买行权价在 380 美元的看跌期权，则这个想法在逻辑上和实践上都不成立。因为保护性看跌期权的目的是对现有头寸提供保护，高于股票现价的行权价，已经不能提供保护了。这种实值看跌期权，价格非常高昂，一个月后 380 美元的看跌期权价格为 16.1 美元，5 张合约就是 16.1×100×5 = 8050（美元）。行权价 380 美元与现价 368 美元之间的差价，是这个看跌期权的内在价值，即 12 美元，剩下的 4.1 美元就是时间价值。而由于是期权买方，随着时间的流逝，时间价值每天都在减少，所以无论是从逻辑上还是从实践上，这样的交易都是不太可能的。如果想选择 355 美元的看跌期权合约，但觉得付出 2350 美元的代价仍然比较高昂，这时候可以在买入看跌期权的同时，做一笔卖出看涨期权的交易，用卖出看涨期权获得的权利金，弥补买入看跌期权所支付的权利金，从而降低成本。但前面介绍过，卖出看涨期权本质上限制了股价上行的收益，对于交易者来说，要不要给股价预留上行空间，预留多少上行空间，就完全由交易者自行决定了。做过期权交易的朋友，应该对这种持有股票仓位，同时买入看跌期权并卖出看涨期权的策略比较熟悉，这就是常见的领子期权（collar）策略。有朋友会问，既然卖出看涨期权可以提供权利金，买入看跌期权要支付权利金，那能不能实现收到的权利金刚好覆盖支付的权利金呢？答案是：能。有时确实可以形成收到的权利金完全覆盖支付的权利金，形成零成本的领子期权（zero collar），即总体上以零成本持有看涨期权空头和看跌期权多头仓位。但这种情况比较特殊，如果一定要零成本，那很可能是看涨期权这条腿○或是看跌期权这条腿的权利金比较少，有时候会得不偿失，因此大多数时候这个策略是要净支出一些现金的。

保护性看跌期权策略总体上来说是为了防止股价大幅下跌的一个保护性策略。这个策略的特点是，无论你怎么选择期权合约，你都是要"亏小钱"的。这个怎么理解呢？首先，行权价高于目前股价的看跌期权，逻辑上不成立，已经排除了。其次，如果是平值期权或虚值期权的看跌期权，股价在到期日大幅下跌，可以按照合约约定价格卖掉股票，确保权益仓位不亏钱或少亏钱，但是交易者买入看跌期权的权利金，是实实在在地支付掉了。因为这个策略本身就是有保护性质的，支付的权利金可以认为是保护费，这么想就比较容易理解了。

第五个策略是买入看跌期权。这个策略的盈亏图如图4-9所示。

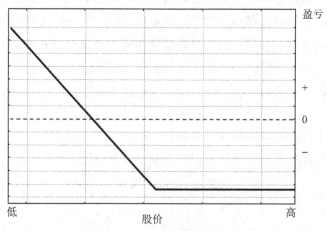

图4-9 买入看跌期权盈亏图

一般来说，这个策略在熊市或是股价下行趋势比较确定时才会用到。股价下行，看跌期权价格上涨，这个策略才能赚钱。如果不是特别确定股价的下行趋势，这个策略就是比较难以赚钱的。在没有股票多头仓位的情况下，单纯买入某只股票的看跌期权，实际上是在某种程度上做空这只股票，这个策略隐含

○ "腿"指期权合约。

的期望是股票的价格会下跌。如果是持有股票多头仓位，再买入股票的看跌期权，实际上就构成了保护性看跌期权策略，而我们在这里讨论的是单纯买入看跌期权的策略。有时候股价确实下跌了，这个策略确实可以赚钱，不过并不容易。首先，做空是一件非常难的事情，比做多难得多，投资者不仅需要了解公司的基本面确实在不断恶化，还要精准地把握时机，才可以顺利地做空。国际上一些著名的做空机构未必都靠谱，前几年新东方（EDU）被做空，现在股价不是照样翻倍了。如果你不是从基本面上看空一家公司，仅仅是想玩那么一票，当然没问题，但这和摇骰子猜大小没有本质区别，不过就是赌涨跌，所以不需要严肃地讨论。赌对了，赚点小钱，赌错了，亏点小钱（因为付出的权利金也有限）。我们在这里讨论的所有策略的出发点，都是长时间、可重复、高胜率、小风险，重复做正确的事，财富才可以越滚越大。

买入看跌期权策略在另一种情况下，可能会产生对冲效应。机构投资者为了控制整体权益仓位的下行风险，可能会购买指数基金的看跌期权，比如购买标准普尔 500 指数基金（SPY）的看跌期权，因为标准普尔 500 指数是很多基金对标的市场基准，因此其看跌期权可以有效对冲整体市场的下行风险。但这种操作对普通投资者、交易者来说，其实没有太大必要。

第六种策略是卖出看涨期权。这个策略的盈亏图如图 4-10 所示。

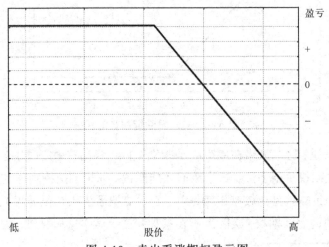

图 4-10　卖出看涨期权盈亏图

如果说第五种策略买入看跌期权是没事找抽型策略，那么卖出看涨期权的策略就是"作死"型策略。注意，这里是在没有股票多头持仓的情况下卖出看涨期权，也就是裸卖空看涨期权（short naked call）。卖出看涨期权和买入看跌期权一样，主要是在股价下跌时获利。根据卖出看涨期权合约行权价的不同，也可以在股价横盘或是微涨时获利。但卖出看涨期权的风险比买入看跌期权的风险要大得多，这是因为买入看跌期权是期权买方，最大损失无非是付出的权利金，但卖出看跌期权是期权卖方，有可能需要按照期权合约的约定价格卖出股票，相当于在某个价位做空股票。由于股价上涨空间无限，因此理论上讲，这个策略的风险是无限大的，而收益却有限，即收到的权利金有限。为获取有限的权利金，而承担无限的风险，这个策略本身的性价比就不高。

总体上看，买入看跌期权和卖出看涨期权都是在股价下跌时获利，普通投资者判断股价上涨尚且有困难，遑论判断股价下跌（即做空）。有些时候，选择这两个策略纯属赌一把，买入看跌期权属于性价比稍微高一点的小赌，卖出看涨期权属于性价比很低的大赌。因此，单纯用卖出看涨期权策略是很难赚到钱的。这个策略可以用在熊市，尤其是在股价趋势性下行比较确定的时候，但也要时刻注意，股价任何时候的大幅反转，都会使该策略面临严重的亏损。

虽然股价正态分布的假设使期权定价模型在优质公司、劣质公司的期权上出现了某种程度的定价偏差，并从逻辑上推演出六种基础策略，但由于股市本身的非对称性（即上涨多于下跌，且长期上涨），这六种基础策略在地位和作用上是完全不同的。卖出看跌期权策略占据天时、地利、人和，具有天然的优势，是所有期权交易者都应该认真考虑的常用策略之一。这和刚接触期权的朋友，或是熟悉国内股票交易的朋友的既有认知（即熟悉做多、熟悉看涨的交易习惯）可能相反。据我观察到的现象而言，期权交易新手和老手在策略使用的顺序上，有着显著的不同。

一般来说，交易新手使用的策略顺序是：①买入看涨期权策略。该策略符合既有交易习惯，做多且看涨，最容易理解也最容易上手，加上看涨期权本身就有杠杆，一旦股价上涨会赚得比较多，形成我说的"一时买 call 一时爽，一直买 call 一直爽"。直到有一天亏大钱，才开始明白，之前的买入看涨期权策略赚钱，很多时候是靠运气，遂逐渐开始对下跌恐惧，尝试保护性策略。②保护性看跌期权策略。在已经持股盈利的情况下，或是外部环境变动剧烈的情况下，选择买入看跌期权对现有股票头寸进行保护。可是在使用这个策略的时候，总难免"亏小钱"，因为无论如何，看跌期权的权利金都是一笔硬支出。左思右想，突然有一天发现，在买入看跌期权的同时，可以卖出看涨期权收取一部分权利金，从而降低买入看跌期权的持仓成本，于是无意中发现了领子期权策略，也学会了第三种基础策略。③卖出备兑看涨期权策略。在持有股票多头头寸时，卖出看涨期权。④卖出看跌期权策略。对该策略，有些人可能悟出来了，做得行云流水，屡试不爽；有些人则可能始终过不了直接开期权看跌空单这一关，从而与这个高胜率的策略无缘。

经验丰富的交易者的策略使用顺序通常完全不同：①卖出看跌期权。这个策略熟练掌握后你就会发现，卖比买容易实施，容错性（即安全边际）更高。少数时候通过对手方行权，拿到了自己想要的股票，就可以试试第二种策略。②卖出备兑看涨期权。该策略通常是在持股时赚些小钱，交易者在选择合约的行权价和行权时间时要比较慎重，避免因小失大，因为优质股票的反弹随时可能发生。③随着资产规模越来越大，在持有股票的情况下，可以尝试领子期权，即买入看跌期权并卖出看涨期权，既对现有股票头寸进行保护，又降低看跌期权的持仓成本，是一种暂时盈利后的保护性策略。④随着研究能力的不断提升，使用买入看涨期权策略。买入看涨期权策略是如此简单、直白，甚至不学即会，但实际上这个策略却又如此困难，教也教不会。其困难根本不是技巧的问题，而是难在对于标的股票、公司的研究，对于估值的把握，以及对于股价下行风险和上涨空间风险收益比的判断。买入看涨期权策略是窄门，一般人进不去，但进去的都发了财。

介绍完上面的几种策略，不知大家是否有这样的感觉：期权是一种权利，买期权意味着持有某种权利，而付出的权利金就是获取这种权利的代价；卖期权意味着赋予了交易对手某种权利，同时自己承担了某种义务，而权利金收入就是承担义务的对价。这其实跟保险业务极其相似。买期权实际上就是买保险,卖期权实际上就是卖保险。为什么我总是说卖出看跌期权是个非常好的策略呢?因为卖出这个"保险"真的是个好生意啊!

我将上述六种策略的"保险"性质总结如下(见表4-2)。

表4-2 六种基础策略的"保险"性质

策略	"保险"性质
卖出看跌期权	卖意外伤害险
卖出备兑看涨期权	卖平安无事险
买入看涨期权	买增值潜力险
保护性看跌期权	买意外伤害险
买入看跌期权	买重大疾病险
卖出看涨期权	卖增值潜力险

卖出看跌期权相当于卖意外伤害险。行权价、行权时间相当于承保条款,权利金相当于保费,保证金相当于资本充足率要求。卖出一张看跌期权合约,相当于对某种股票在特定时间段内的特定价格进行承保,当股价跌破承保价格时,卖出方承担以承保价格购买股票的义务;当股价未跌破承保价格时,看跌期权买入方不会行权卖出股票,卖出方收到的权利金就相当于确认了保费收益。因此,卖出看跌期权策略就相当于给特定股票卖出一份意外伤害险,而这份意外伤害险的承保条款(即行权价格、行权时间)是可以由承保人(即看跌期权卖出方)自己决定的。如果特定股票在特定时间段内没发生意外(即股价大幅下跌),那么这份意外伤害险就会过期失效,承保人就赚到了保费(权利金收益)。即便特定时间段内股价下跌,只要没有跌破行权价(即承保价),卖出看跌期权的仓位就总能实现盈利。在股票现价和行权价之间的价格区间,就是卖出看跌期权策略的安全边际。因此,卖出看跌期权策略总体上看是一个概率预估问题,即在特定时间段内股票跌到特定价格的概率有多大,以及愿意为这种概率收取多少"保费"的问题。为了提高不被行权的概率,或者说卖出看跌期权盈利的概率,可行的办法就是降低看跌期权的行权价,但这相应地也降低了看跌期权的权利金。因此盈利概率和收益实际上是一种反向关系,如何在两者之间权衡,是每一个卖出看跌期权的交易者都要认真考虑

的问题。

卖出看跌期权策略能赚钱吗？如果我们换一种问法，就应该是卖意外伤害险能赚钱吗？国内国外这么多保险公司，哪个保险公司卖的意外伤害险不赚钱？尤其在承保条款可以自己确定的情况下。此外，何谓"意外"？顾名思义，意外就是小概率，如果天天发生不利事件，那就是常规，而非意外。单从名字上看，意外伤害险就是可以赚钱的。保险是个好生意，意外伤害险是个好险种，同理，卖出看跌期权也是个好策略。一张看跌期权合约到期了，就可以考虑卖出另一张看跌期权合约，反复开仓、平仓、到期的过程，实际上就是不断承保的过程；不断承保的过程，就是保险公司不断赚钱的过程，也就是交易者不断实现权利金收入的过程。

对于白马股来说，特定时间段内的下跌风险有多大呢？一般来说，可以根据隐含波动率对一定时间段内的股价波动范围做出预估（详见第 5 章）。在季报披露当周或当日，不确定性通常较大，股价有可能大幅波动，即便是白马股，也有可能发生大跌，从而导致卖出看跌期权被行权。

我们来看一个经典案例。图 4-11 所示是 Facebook 2018 年 7 月、8 月日 K 线图。7 月 25 日盘后公布财报后，由于部分业绩不及预期、监管趋严以及对 Facebook 可能在发达国家陷入增长停滞的担心，Facebook 第二天盘中跌幅超过 20%，并最终以下跌 18.96%收盘。这大概是美国历史上单只股票一个交易日内市值最大的跌幅。即便是 Facebook 这样的白马股，在极端情况下也会下跌 20%左右，所以季报披露当周或当月的卖出看跌期权策略要预留 30%左右的安全边际，才可能有更高的胜率。当然，这是极端情况，通常情况下跌幅可能在 20%以内。这说明，应该留有足够的现金，确保即使卖出看跌期权被行权，现金也不会为负值，这一点非常关键。此外，按照我们说的七步法，在白马股回调到近期低点时，再使用卖出看跌期权策略，才会有更高的胜率和更大的安全边际。Facebook 的基本面良好，赚钱能力很强，经过市场情绪的恢复，几个月后重新位于 200 美元以上的价格区间。在这种情况下，即便看跌期权在 180 美元或 170 美元被行权，持有几个月股票也会有相当不错的收益。这就是选择白马股的原因。

图 4-11　Facebook 2018 年 7 月、8 月日 K 线图

资料来源：富途牛牛软件。

卖出备兑看涨期权相当于卖平安无事险，但保额有限。这是因为，这个策略在股价微跌、股价横盘、股价微涨的时候都能赚钱，赚到的钱就是卖出看涨期权所收到的权利金。在股价大幅波动的时候，虽然卖出看涨期权的仓位也能实现收益，但在股价大幅下跌时，股票部分的浮亏会超过看涨期权的盈利；在股价大幅上涨时，又会错失超过看涨期权行权价以外部分的股票收益。因此在应用这个策略时，股价大幅上涨或大幅下跌都不利，最好是箱体震荡、微涨、微跌或横盘，所谓"平安无事"就是这个意思。

买入看涨期权相当于买增值潜力险。这个也比较好理解，看涨期权本身就是看涨，如果股票涨，那么看涨期权就会涨得更多。因此，股价上涨相当于获取了增值潜力的收益。如果股价没有实现预期中的上涨，那么购买看涨期权的权利金，就相当于白白支付的保费。该策略实际上是以小博大、以有限风险博取数倍收益的典型策略。

保护性看跌期权策略相当于买意外伤害险。注意，这里和卖出看跌期权策略是对应的，卖出看跌期权是裸卖出，需要的是"资本充足率"，而非标的资产在手上；保护性看跌期权策略是在持有股票多头仓位的前提下，买入看跌期权，是有标的股票在手上的，即持有被保险的对象。通常情况下，意外是比较少的（否则也就不称其为"意外"），也就是股价波动的范围通常来说不会太离谱，因此保护性看跌期权策略所持有的看跌期权，很多时候是废纸一张（相应地，卖出看跌期权的策略有更大的赚钱概率）。但是，也有少数极端情况出现，如在前面 Facebook 的例子中，保护性看跌期权策略就是有用的。

买入看跌期权相当于买重大疾病险。这个策略和保护性看跌期权策略最大的不同，是其没有标的资产在手上，亦即裸买看跌期权。保护性看跌期权中的看跌期权是意外伤害险，相当于给手上的股票买保险，那么单纯买入看跌期权是给什么买保险呢？一般说来，是给整体仓位买保险。在担心整体市场见顶或为了对冲整体仓位的下行风险时，可以单纯买入看跌期权，尤其是指数基金的看跌期权，来对冲市场的整体风险。这种整体市场的下行风险，我称之为"重大疾病"。

卖出看涨期权相当于卖增值潜力险。这个策略和买入看涨期权策略是相对应的。前面说过，这个策略最好是在熊市或是劣质公司的股票上使用，效果才好。不过需要十分留意，首先，熊市的时候股价也会反弹，时机很难把握；其次，劣质公司是很难发现的，大多数股市投资者或期权交易者更倾向于寻找优质公司，而非相反，且寻找合适的交易时机也非常不易；最后，策略本身的性价比很低，收益有限而风险无限。因此，这个卖增值潜力险的策略，总体上还是少用为好。

本节的内容，包括各种策略难易程度的归纳、与保险险种的类比提炼，是我自己的交易心得，我认为比较好地概括了几种基础策略的特点和交易实质。这些基础策略是深入领悟期权本身特点的基础，也是理解后续复杂策略的起点。随着交易经验的日趋积累，大家会发现，期权交易的重点不在于你的策略有多复杂、多精美，相反，真正的高手往往能用简单的策略赚到大钱。

大道至简，此乃证道之言。而那些复杂的策略，有时候真的是过于复杂，不仅应用条件苛刻，参数变量极多，赚钱效果也不怎么理想。我们在后续章节尽量选取了一些容易理解、实战效果好、有应用价值的策略进行讨论。

我在这里反复倡导的交易理念，是进行长时间、可重复、高胜率、低风险的交易，重复做正确的事情，从正反两方面利用时间价值（期权时间价值的衰减，以及货币时间价值的增加），使雪球越滚越大。在这个市场上，活得久远远比赚得多、赚得快重要得多。

4.2 价差策略

在前面介绍基础策略的时候，我们做了略微延伸，延伸出了卖出备兑看涨期权和保护性看跌期权两个策略。事实上，在交易实践当中，很多策略都和这两个策略一样，是由两个或两个以上的期权合约（或是期权合约与股票）组合而成。在两个或两个以上相同标的上建立相反头寸，就构成了价差（spread）策略。价差策略的特点是，它通常使用相同的期权类别（看涨或看跌）、相反的交易方向，好像有左右两股力量相互制衡，使得收益和风险都相对有限。

在第 2 章中，我们介绍了表示期权风险特征的希腊值。看涨期权拥有正的 Delta，看跌期权拥有负的 Delta，而标的股票合约的 Delta 值为 100。实际上，我们可以通过期权头寸表达我们对标的股票合约的方向性判断，比如我们认为标的股票合约在未来三个月内会上涨，可以买入看涨期权，从而建立一个简单的正 Delta 头寸，以此来表达我们对市场的观点。如果 3 个月内，标的股票合约价格（即股价）大幅上涨，我们可以从正 Delta 头寸中获益；如果标的股票合约小幅上涨、横盘或是下跌，我们仍可能面临损失，因为除标的股票合约的价格之外，诸如波动率、时间价值的流逝都会影响期权价值。也就是说，单纯买入一张看涨期权合约，除非标的股票合约按照我们预想的方向大幅变动，否则赚钱是不容易的。价差策略的优点在于，它通常由两个相反方向的合约构成，即便我们对标的股票合约的方向性判断错误而在一个期权合约上亏了钱，也可以在相反的合约上得到补偿。正是这种对冲补偿机制，使价差策略的风险与期权裸头寸相比相对较小，但同时，随着风险的降低，收益也相对有了限制。

价差有多种类型。按照应用市场环境的不同，有牛市价差（bull spread）和熊市价差（bear spread）；按照使用工具的不同，有看涨期权价差（call spread）和看跌期权价差（put spread）；按照净支出、净收入权利金的不同，有借方价差（debit spread）和贷方价差（credit spread）；按照到期日和行权价的不同，有垂直价差（vertical spread）、水平价差（horizontal spread）以及对角价差（diagonal spread）。我们先重点介绍较为常用的垂直价差。

垂直价差

垂直价差，就是同一个标的股票合约在相同到期日、不同行权价上的期权合约组合构建的价差。看涨期权和看跌期权都可以分别构建牛市价差和熊市价差。其组合关系如下（见表4-3）。

表4-3 垂直价差的类型与组成

类型	看涨期权	看跌期权
牛市价差	卖出行权价较高的看涨期权 买入行权价较低的看涨期权	卖出行权价较高的看跌期权 买入行权价较低的看跌期权
熊市价差	买入行权价较高的看涨期权 卖出行权价较低的看涨期权	买入行权价较高的看跌期权 卖出行权价较低的看跌期权

表4-3表明，当我们买入行权价较低的期权、卖出行权价较高的期权时，不论是看涨期权还是看跌期权，我们都建构了一个牛市价差，即看涨的价差；当我们卖出行权价较低的期权、买入行权价较高的期权时，不论是看涨期权还是看跌期权，我们都建构了一个熊市价差，即看跌的价差。比如，买入阿里巴巴2020年2月份到期、行权价为215美元的看涨期权，同时卖出相同到期日行权价为235美元的看涨期权，这个组合就构成了一个牛市看涨期权价差（bull call spread），由于215美元的看涨期权必定比235美元的看涨期权价

格贵，因此这个组合整体上需要支付权利金，所以又是一个借方价差。这个组合的盈亏情况如图4-12所示。

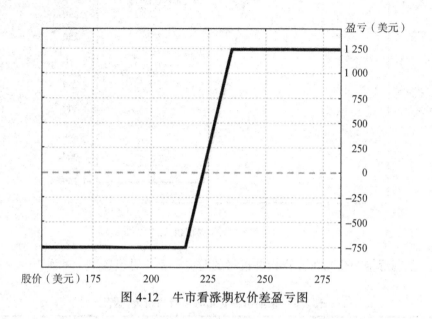

图4-12　牛市看涨期权价差盈亏图

可以清楚地看到，垂直价差的收益和风险都被限制住了。

当我们总体上净收入权利金时，这个价差就成为贷方价差。比如我们卖出阿里巴巴2020年2月到期的行权价为215美元的看跌期权，买入相同到期日行权价为235美元的看跌期权，构成一个熊市看跌期权价差（bear put spread），总体上净收入权利金。其收益情况如图4-13所示。

如果我们预期市场是牛市，同时又不想直接买入看涨期权，那么构建一个牛市价差就是个不错的选择。但究竟是构建一个牛市看涨期权价差，还是一个牛市看跌期权价差，这主要取决于交易者预期价格是在短时间内上涨还是长时间内上涨。

一般来说，借方价差预期价格变动在较长时间内发生，而贷方价差预期价格变动在较短时间内发生。交易者可以根据自己对后市价格变化的预期，选择合适的价差组合。

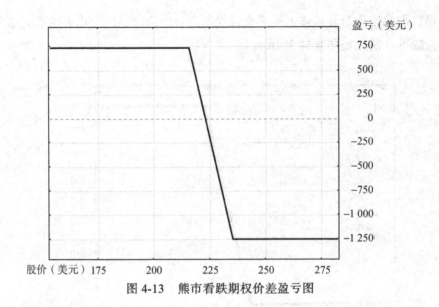

图 4-13　熊市看跌期权价差盈亏图

预期价格变化与牛熊市价差选择的对应关系，见表 4-4。

表 4-4　预期价格变化与牛熊市价差选择

趋势	长时间内变换	短时间内变换
牛市	牛市看涨价差	牛市看跌价差
熊市	熊市看跌价差	熊市看涨价差

注：牛市看涨价差和熊市看跌价差是借方价差，交易者要净支出现金；
　　牛市看跌价差和熊市看涨价差是贷方价差，交易者会净收入现金。

牛市看涨价差和牛市看跌价差除了预期股价变化时间长短不同外，潜在最大收益也不同，牛市看涨价差潜在最大收益要略微超过牛市看跌价差。总体来说，借方价差意味着交易者在前端要净支出现金来建构一个组合，同时意味着交易者能获得略高的潜在最大收益；贷方价差意味着交易者在前端会净收入一笔现金来建构一个组合，由于贷方价差相对借方价差来说对标的股票的方向性运动没那么敏感，因此总体上获利的概率更高一些。鱼与熊掌不可兼得，具体采用什么策略，很大程度上取决于交易者的风格以及对市场的不同预期。

牛市价差实际上是在赚取 Delta 的差值。在股价上涨时，低价位期权合约 Delta 的增加比高价位期权合约 Delta 的减少要多，因此获利。需要注意的是，构建价差时行权价的选择，可以体现交易者的保守、激进程度。一般来说，买入的期权行权价为平值或者实值，卖出的行权价为虚值，这样的策略相对来说比较保守；如果买入的就是虚值期权，卖出的是一个虚值程度更高的期权，这样的价差组合就比较激进，在股价大幅上涨时可以获得很好的收益，相反，如果股价没能大幅上涨，这个组合亏钱的概率也很高。价差组合可以限定盈亏的上下限，但并不能决定盈亏的概率，这一点交易者必须时刻牢记。

熊市价差，是指（无论用看涨期权还是看跌期权）卖出一个低行权价的期权，同时买入一个相同到期日的高行权价的期权，以构成一个熊市看涨价差或是熊市看跌价差头寸。

熊市看跌价差是一个借方价差，熊市看涨价差是一个贷方价差。借方价差的潜在盈利更高，但贷方价差的盈利概率更大。一般来说，在建构熊市看涨价差的时候，将低价位期权的行权价定在接近股价附近，是比较明智的选择。因为如果高价位看涨期权的行权价接近股价，就意味着低价位看涨期权（实值的）价值的大部分都是内在价值，而时间价值较少，而买入的看涨期权合约时间价值更多。期权交易的基本逻辑是卖出时间价值（因为时间价值每天都在流逝）、买入内在价值（享受正 Gamma 可能带来的股价大幅变动）。行权价较低的看涨期权，显然拥有更高的内在价值，因此，如果卖出的更多是期权的内在价值，整个交易的性价比就会显著降低。

一般而言，在建立价差头寸时，有这么几个步骤需要考虑：

1. 明确对标的股票的后市预期，简单讲就是看涨还是看跌，从而确定是选择牛市价差还是熊市价差；

2. 判断价格变化会在短时间内发生变化，还是在较长时间内发生变化。倾向于短时间发生变化就选择贷方价差，倾向于较长时间发生变化就选择借方价差；

3. 对股价运动方向确定性的判断，以及自己交易风格的判断。确定性高、喜欢高盈利的，可以选择借方价差；而对股价运动方向不那么确定，以及喜欢更高胜率的交易者可以选择贷方价差。这点与第 2 点可以同步考虑；

4. 结合上述所有考量，综合选定具体的策略；

5. 根据自己的交易风格（激进、保守），选择合适的行权价、行权时间，从而最终建立价差头寸。

我们来看一个例子。假定我们给阿里巴巴建构一个 2020 年 2 月到期的牛市看涨价差，其股价为 219 美元，交易者选定建构的价差行权价分别为 220 美元、250 美元，即买入 2020 年 2 月到期的行权价为 220 美元的看涨期权，卖出相同月份到期的行权价为 250 美元的看涨期权。

大多数券商的交易系统会提供进一步的详细情况，如笔者使用的盈透证券，可以看到各个时段盈利的变化以及各个时段希腊值的曲线图，以便交易者了解相关风险。图 4-14 是上述组合在 2020 年 1 月 31 日的盈亏示意图。

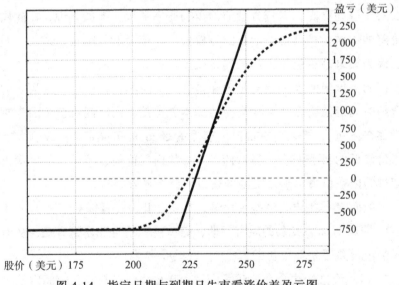

图 4-14　指定日期与到期日牛市看涨价差盈亏图

在图 4-14 中，实线表示的是该组合到期日（即 2020 年 2 月 21 日）的理论盈亏情况，点状线表示的是根据我们选择的日期的盈亏情况，在这里是 2020 年 1 月 31 日。一般来说，随着到期日的临近，盈亏线是向着到日期的理论盈亏线逐步靠近的。

此外，我们还可以查看各希腊值的曲线图，如 Delta 的曲线图（见图 4-15）。

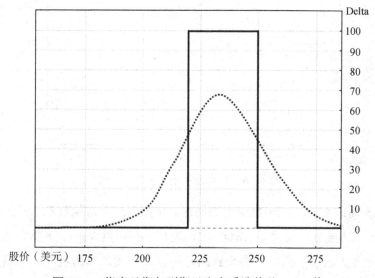

图 4-15 指定日期与到期日牛市看涨价差 Delta 值

到期日 Delta 的这个凸形图形表明，在到期日时，如果股价在 220 美元以下或是 250 美元以上，Delta 值都为 0，也就是说，如果股价最终在 200~250 美元这个价格区间以外，期权的价值是不发生变动的，从而表明这个牛市看涨价差的盈亏都是有上下限的。而如果股价最终在 220 美元与 250 美元之间，Delta 值就是 100，这表明在这个价格区间内，牛市看涨价差的价格与股价同步变动，组合是否盈利，最终取决于到期日的股价。

Gamma 曲线非常清楚地表明了我们在第 2 章中介绍的性质。如图 4-16 所示，买入期权即成为 Gamma 多头头寸，因此买入的 220 美元的看涨期权 Gamma 为正，卖出的 250 美元的看涨期权 Gamma 为负。此外，Gamma 总是在平值期权那里有最大值，随着期权向实值、虚值展开，Gamma 值也随之减小。图 4-16 里的点状线是我们指定的 1 月 31 日该组合的 Gamma 曲线。

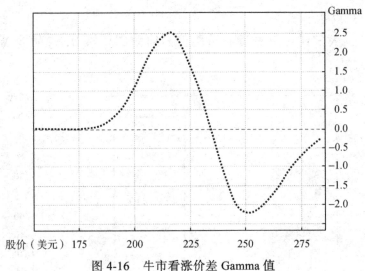

图 4-16　牛市看涨价差 Gamma 值

Vega 曲线表明，波动率会增加期权的价值，对看涨期权和看跌期权来说都如此。买入期权，获得正 Vega，卖出期权，获得负 Vega。平值期权对波动率的变化最为敏感，同时，剩余到期时间越长，波动率的潜在影响越大；随着期权逐渐到期，波动率的影响会逐渐减小。牛市看涨价差的 Vega 曲线如图 4-17 所示。

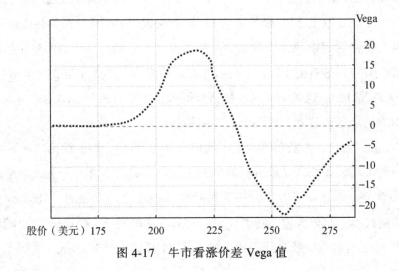

图 4-17　牛市看涨价差 Vega 值

Theta 曲线表明，期权具有时间价值。买入期权即买入时间价值，Theta 为负值，表明时间价值随时间流逝而衰减；卖出期权即卖出时间价值，Theta 为正值，表明卖出方随时间流逝收获时间价值。大家可以看到，Theta 和 Gamma 的正负情况正相反，也就是 Theta 和 Gamma 不可兼得。牛市看涨价差 Theta 曲线见图 4-18。

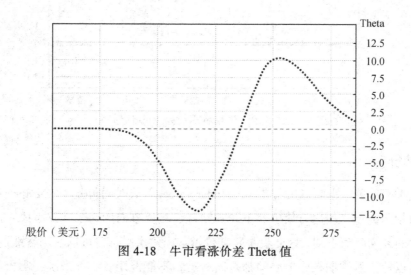

图 4-18 牛市看涨价差 Theta 值

Rho 曲线表明，相对于看涨期权来说，Rho 为正数，并且在两个期权行权价的中间位置具有最大值，并向两端逐渐减小。牛市看涨价差 Rho 曲线如图 4-19 所示，实线为到期日价差组合的 Rho 曲线。一般来说，剩余到期时间越长，Rho 值越大，并随着到期时间逐渐减少而减小。

前面就是一个牛市看涨价差的真实例子。交易者通过交易系统可以快速查看一个价差组合的盈亏图、盈亏平衡点、最大潜在盈利、亏损，以及相应希腊值代表的各种风险。刚开始接触期权的朋友，可能对各种期权组合的细节（尤其是希腊值代表的风险变化）感到困惑，其实最关键的是了解各类风险背后的逻辑，记清楚组合的构成方式以及组合的应用场景。

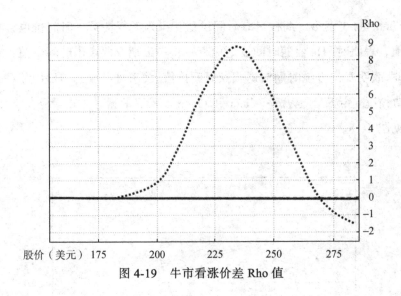

图 4-19 牛市看涨价差 Rho 值

水平价差

水平价差，也叫日历价差（calendar spread）或时间价差（time spread），它由相同类型、相同行权价、不同到期日、相反方向的两个期权组成，由于头寸的到期时间不同，因此也是跨期价差。构建水平价差可以使用看涨期权，也可以使用看跌期权，但必须都是同一类，不能混用。一般来说，卖出近期期权合约，买入远期期权合约，就构成一个水平价差的多头；相反，卖出远期期权合约，买入近期期权合约，就构成一个水平价差的空头。由于更长的时间意味着更大的时间价值，水平价差的多头实际上就是时间价值的多头，反之亦然。

比如，阿里巴巴股价为 216 美元，交易者卖出其 2020 年 1 月 24 日到期的行权价为 217.5 美元的看涨期权，同时买入 2 月 14 日到期的行权价为 217.5 美元的看涨期权，就可以组建一个水平价差多头，其盈亏图如图 4-20 所示。

可以看到，在 1 月 24 日到期时，若阿里巴巴的股价在 211.59 美元至 224.07 美元之间，这个组合就是盈利的，股价越靠近行权价，组合的收益越大，最大收益为 259 美元；在价格超出上述区间时，组合整体亏损，潜在亏损的最大值是 330 美元。

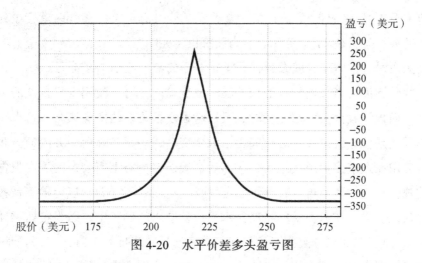

图 4-20　水平价差多头盈亏图

相反，如果我们卖出一个远期期权，买入一个近期期权，就可以组成水平价差的空头。如特斯拉（TSLA）股价为 452 美元，交易者买入其 2020 年 1 月 17 日行权价为 455 美元的看涨期权，卖出 1 月 31 日相同行权价的看涨期权，就组成了一个水平价差的空头，这个空头也称为反向日历看涨价差（reverse calendar call），其盈亏图如图 4-21 所示。

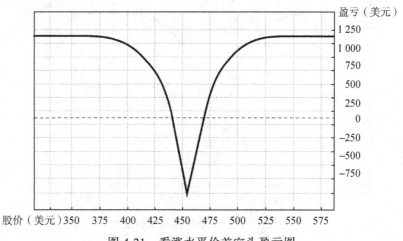

图 4-21　看涨水平价差空头盈亏图

水平价差空头盈亏图的大致走势与水平价差多头的图形正相反，这个空头价差在1月17日股价小于437.59美元或是大于474.75美元时就会盈利，潜在的最大盈利是1191美元，而当股价位于437.59美元至474.75美元的价格区间内时，整体组合就会亏损，潜在亏损的最大值是788美元。

换句话说，当我们预计股价平稳小幅变动时，可以使用水平价差的多头策略；而预计股价会大幅变动时，可以考虑水平价差的空头策略。这个空头策略其实是认为股价在一定时间内会大幅变动，而不考虑运动方向的，非常适合应用在上市公司季度报告公布前后。美国市场对上市公司的季度报告非常重视，报告一旦公布，股价便会应声而动，一两天内20%以上的涨跌就像家常便饭一样。在前面举的特斯拉水平价差空头的例子中，因为特斯拉计划在1月29日公布当季财报，所以我们特意选择到期日为1月31日的期权合约作为远期合约来构建组合。这是为什么呢？我们先来看另一个特斯拉的水平价差空头头寸。第一张买入的合约仍为1月17日行权价为455美元的看涨期权，而卖出的合约改为1月24日相同行权价的看涨期权，其盈亏图如图4-22所示。

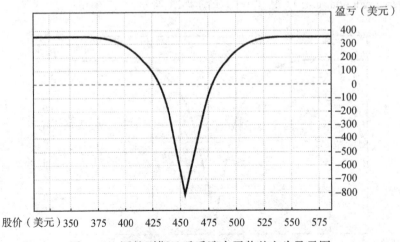

图4-22 调整到期日后看涨水平价差空头盈亏图

可以清楚地看到，在 1 月 17 日到期时，最大潜在盈利从 1191 美元骤降至 370 美元，而最大潜在亏损只是从 788 美元略微降低至 762 美元，而我们仅仅是将卖出的期权合约提前了一周而已！

之所以有如此变化，是因为水平价差的特性。在第 2 章的时候我们提到过，Gamma 可以表示我们对已实现波动率的预期，而 Vega 则表示我们对隐含波动率的预期。在一些期权策略当中，这两个指标的正负性是相同的。比如最简单的，我们买入看涨期权，从而获得正 Gamma、正 Vega，我们可以从股价上涨和波动率上升两个方面获利，但水平价差却不是这样。水平价差多头（如前述阿里巴巴的水平价差）实际上希望股价缓慢、小幅变动（即处于 211.59～224.07 美元），从而在 Theta 衰减上获利，同时希望隐含波动率上升，使更长时间的多头头寸价值上升，因此这个头寸实际上是负 Gamma 和正 Vega；水平价差空头（如前述特斯拉的第一个水平价差）则希望股价快速、大幅变动，以股价的大幅变动抵消近期期权 Theta 值的衰减，同时希望隐含波动率下降，实现长期期权价值的上升，因此实际上希望的是正 Gamma 和负 Vega。这里 Gamma 和 Vega 的正负符号就是相反的，表明我们对市场有不同的预期。换句话说，我们希望的是已实现波动率和隐含波动率走势背离。对于前述特斯拉的第一个水平价差来说，其远期合约在季报公布的两天后到期，由于隐含波动率高企，因此价格较高；而特斯拉的第二个水平价差空头合约的到期日在季报公布前，股价不会大幅变动，隐含波动率也较低，对于水平价差空头头寸来说，也就没有太多"油水"，比较"乏味"。直接表现就是整个头寸的最大盈利显著降低。

对于交易者来说，在季报公布当周（或当月），可以根据具体情况，选择卖出看跌期权策略，或是反向日历看跌价差（reverse calendar put）策略。如果选择后者，就需要注意到期时间的选择。如果近期合约的时间选在季报公布前，股价在公布前大幅变动的可能性就不大，即在正 Gamma 上获利的可能性不高，这增加了组合的获利难度；如果近期合约的时间选在季报公布后，隐含波动率高企就会使期权价格升高，买入这样的期权，成本也较高，从而减小了可能的获利幅度。

在介绍垂直价差时我们提到，垂直价差实际上是依靠相同到期日、不同行权价的两个期权合约 Delta 变化快慢的不同来获利的，类似地，水平价差依靠相同行权价、不同到期日的两个期权合约 Theta 衰减快慢的不同来获利，尤其是近期期权合约，在期权快到期时的衰减速度会加快。在其他条件不变的情况下，两个期权合约 Theta 衰减值的差值，基本上就是水平价差的获利值。还有一点值得一提，一般而言，构建水平价差通常都是构建平值期权价差，这是因为平值期权对隐含波动率最为敏感，且平值期权在临近到期日时时间价值的衰减最快，便于在 Theta 上获利。此外，两个方向相反的平值期权，其整体 Delta 值为 0，因此可以认为是一个初始 Delta 中性的策略，可以一定程度上减少股价变动的影响。Delta 中性策略的详细介绍我们将在后续章节陆续讲到。

对角价差

对角价差由不同到期日、不同行权价的两个合约组成，一般来说比较类似于水平价差。其获利的方式也跟水平价差类似，即依靠 Theta 衰减速度的不同，以及可能的隐含波动率的变化，来实现盈利。比如，一只股票现价 200 美元，交易者买入一个月后到期、行权价为 210 美元的看涨期权，同时卖出两个月后到期、行权价为 230 美元的看涨期权，构成了一个看涨期权的对角价差。同样，用看跌期权也能构建对角价差。对角价差可以有多种变形，因此没有统一的特性。对于普通交易者来说，更多用到的是垂直价差和水平价差，对角价差一般来说用得比较少。

笔者的看法

最后谈谈我对价差策略的理解。几乎所有期权教科书上都讲，垂直价差策略是期权交易者可以考虑的策略，不仅因为这种策略在牛市、熊市中都可以应用，更因为这种策略的风险相对有限，潜在亏损总是被限定在一定范围内。诚然，垂直价差策略将风险和损失限定在一定范围内，但这并不能提高交易者的交易胜率。交易者的交易胜率很大程度上取决于对市场的判断，垂直价差策略在这方面并没有提供有效的帮助。如果交易者对股票估值和后市判断经常出现失误，即使垂直价差策略可以限定损失，但小损失也是损失啊，何况经常性的小损失，也可以累计成为大损失。水平价差策略虽然也可以将盈利和损失限定在一定范围内，但本质上也没有提高交易本身的胜率，该策略能否盈利，仍在于对股票价格变动幅度、隐含波动率变化的判断，一旦判断失误，亏钱也是分分钟的事儿。其实，大部分策略都是中性的，也就是策略本身并不能提高交易胜率。成功的交易者，必须在策略之外，对标的股票合约（即股票和公司本身）有足够的研究。对后市有明确的看法，对公司估值有比较正确的认识，再应用相应的策略，来表达自己的特定看法。当然，直接购买股票也是表达自身看法的有效方式，但通过期权策略来表达我们对市场的观点，则更具多样性（对隐含波动率表达看法）、灵活性（对时间价值表达看法）、柔韧性（对已实现波动率，即对股价的波动范围表达看法），从而帮助我们在更多的维度上获利。

4.3 跨式策略

跨式策略（straddle），顾名思义，就是横跨看涨、看跌两个类型，同时使用看涨期权和看跌期权的策略。它由具有相同到期日、相同行权价的一个看涨期权和一个看跌期权构成。同时买入一个看涨期权和一个看跌期权，构成跨式期权多头（long straddle），同时卖出一个看涨期权和一个看跌期权，构成跨式期权空头（short straddle）。因其交易方向、到期日、行权价均相同，只是将一条腿的交易，应用在另一条腿上。

我们很容易知道，跨式期权多头一定有正 Gamma（因为具有多头头寸）、负 Theta（Theta 符号必定与 Gamma 符号相反）、正 Vega（多头头寸受益于波动率升高），而跨式期权空头的风险特征正相反。跨式策略的主要希腊值特征见表 4-5。

表 4-5　跨式策略的主要希腊值特征

策略组合	Gamma	Theta	Vega
跨式期权多头	+	−	+
跨式期权空头	−	+	−

我们来看一个具体的例子。阿里巴巴的股价为 220 美元，交易者同时买入其一个月后（2020 年 3 月 20 日）到期的行权价为 220 美元的看涨期权和看跌期权，建构一个跨式期权多头仓位，其盈亏情况如图 4-23 所示。

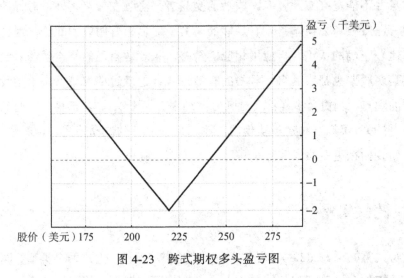

图 4-23　跨式期权多头盈亏图

可以看出，跨式期权的多头仓位其实希望的是股价上下大幅波动，就上面这个例子，当股价在到期日小于 198.58 美元或是大于 241.42 美元时，整体仓位就是盈利的，并且随着股价偏离的幅度越大，盈利越多。而股价在 198.58～241.42 美元时，整体仓位就是亏损的，价格越靠近 220 美元，亏损越大。这和上面列出的跨式期权多头的希腊值风险特征一致，即正 Gamma 实际上希望的是股价大幅、迅速变动。交易新手一般对买入跨式期权比较感兴趣，因为这个策略的收益上不封顶，而潜在亏损有限，但实际上很可能并非如此。只要股价没有达到预期的变动程度，这个策略就是亏钱的。一般来说，这个策略主要应用于一些事件驱动型（event-driven）情景，比如未决诉讼终审判决公布、美国食品药品监督管理局（FDA）公布新药审批结果、公司年报发布等，这些事件足以让股价向任何方向发生大幅变动。

仍以上述阿里巴巴的期权为例，我们将上述两个期权同时卖出，就构成了一个跨式期权空头，其盈亏情况如图4-24所示。

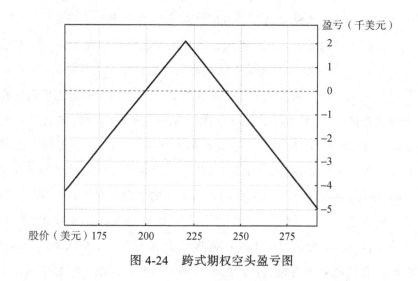

图4-24 跨式期权空头盈亏图

根据跨式期权空头的希腊值特征，我们知道，这个策略拥有负Gamma、正Theta、负Vega，表明实际上我们希望股价缓慢、小幅波动，即股价在198.99～241.01美元时，就可以实现盈利（这里的价格区间与多头头寸略有不同，主要是由出价和要价之间的价差所致），并且该策略随着时间的流逝可以赚取时间价值，同时在波动率下降时还可以从期权价值的减少上获利。

对比跨式期权多头、空头的盈亏图，大家不难发现，多头的盈利地带其实在边缘区域，而空头的盈利地带在核心区域。到底哪个策略的胜率更高呢？应该说，根据具体交易标的、具体情况的不同，跨式期权的多头和空头会有不同的胜率。但是，如果我们将具体的交易标的暂时排除，单从数学上看，边缘区域和核心区域究竟意味着什么？首先，边缘区域和核心区域，是针对股价的分布来讲的。简单地说，在行权价附近的股价区域就是核心区域，在行权价附近之外的就是边缘区域。当然，每个交易者的风险承受度不同，对市场的判断也不同，因此对"附近"与"边缘"的理解也就不同。跨式期权的这两个策略其实是对股价运动范围概率的一种判断：对跨式期权多头来说，如果股价在行权日位于边缘区域，那么策略大概率就能获利；如果股价在行权日位于核心区域，策略大概率会亏损。跨式期权空头则正好相反。在前述例子中，阿里巴巴的股价为220美元，其年化隐含波动率为24.64%，那么对应的月度隐含波动率为7.1%（关于波动率的详细介绍和换算详见第5章）。也就是说，根据市场目前提供的波动率水平，一个月后，阿里巴巴股价在上下1倍标准差区间（204.38~235.62美元）内的概率为68.3%，在上下2倍标准差区间（188.76~251.24美元）内的概率为95.4%，在上下3倍标准差区间（173.14~266.86美元）内的概率为99.7%。这个例子中的盈亏平衡点大致在198~241美元，也就是说，按照市场当下给出的波动率来计算，这个范围大致在2倍标准差之间，也就是一个月后的股价大约有95.4%的概率在188.76~251.24美元，相应地，股价小于188.76和股价大于251.24的概率和只有4.6%。这个时候，交易者就需要根据自己的研究和经验开始判断了。首先是市场有没有出错？如果大体认可市场的判断，即认可到期日的隐含波动率保持不变，那么上述策略中的空头头寸就具有至少95.4%的胜率；如果认为市场错了，遗忘了一些重要事情（事情可能来自公司本身或是宏观市场环境）可能带来的影响，导致到期日的隐含波动率被低估了，也就是股价在未来一个月可能发生更大程度的变化，而这在目前的期权价格当中尚未反映出来，这个时候交易者就会根据自己预估的隐含波动率进行交易。比如，交易者判断未来一个月的隐含波动率可能上升至50%，相应的月度波动率为14.5%，对应的上下1倍标准差的价格区间为188.1~251.9美元，上下2倍标准差的价格区间为156.2~283.8美元，上下3倍标准差的价格区间为124.3~315.7美元。我们可以看到，由于交易者自己判断的隐含波动率显著高于市场提供的隐含波动率，导致跨式期权空头的盈利概率从 95.4%降至 68.3%，而这对于一些交易者来说，可能是无法接受的，因为这些交易者通常会将自己可以接受的交易胜率定得较高。这个时候如果不改变策略，那么就需要调整期权合约的行权价，使交易者具有更大的胜率。行权价调整后，如果是空头头寸，获利的空间增大了，将收取更少的权利金；如果是多头头寸，获利的空间减小了，将支付更少的权利金。这里的洞见是，期权交易仍和保险非常类似，实质上就是在计算概率，并给概率定价，即交易者愿意承担什么样的概率，以及为这种概率承担或是收取什么样的费用。跨式期权的空头头寸，实际上就是为股价在一定范围内的波动提供保险，并对这个保险收取费用。如果在到期日股价确实在这个范围内，那么收取的权利金（保费）就可以确认为收入；如果到期日股价偏离了这个范围，那么就要为投保人（跨式期权的多头）承担损失，这个时候收取的权利金（保费）仍然可以确认为收入，以弥补空头的部分损失。这里的关键在于，跨式期权的空头会对股价波动范围做出怎样的判断，即对到期日股价的波动范围的概率进行判断，并进行定价。所以，概率（隐含波动率）和保费（权利金收入）是密切相关、不可兼得的。对空头来说，如果要提高胜率（在更大的股价波动范围内盈利），就需要降低权利金收入（保费）；如果要提高权利金收入，就需要降低股价波动范围（即减小盈利范围）。总而言之，空头是在给自己认可的波动率进行定价，并进行交易。跨式期权的多头，相当于投保人，以上的逻辑正好相反。

上面的例子是在不改变策略的前提下，调整跨式策略的行权价，以寻找对交易者更有利的胜率。但由于跨式策略的两份期权合约具有相同的行权价，调整的话只能一起调整，同步移动的结果是，很多时候我们并没有获得更高的胜率。如果要显著地提高交易的胜率，就需要将跨式策略两条腿的行权价进行分离，从而构建出宽跨式策略（strangle）。

宽跨式策略是同时买入或卖出具有相同到期日、不同行权价的看涨期权和看跌期权。与跨式期权希腊值的风险特征类似，宽跨式期权的多头具有正 Gamma、负 Theta、正 Vega，而空头正好相反（见表 4-6）。

表 4-6　宽跨式策略的主要希腊值特征

策略组合	Gamma	Theta	Vega
宽跨式期权多头	+	−	+
宽跨式期权空头	−	+	−

我们仍以阿里巴巴为例。假设交易者买入 2020 年 3 月 20 日到期、行权价为 240 美元的看涨期权，同时卖出行权价为 200 美元的看跌期权，就构成了一个宽跨式期权多头（long strangle），其盈亏情况如图 4-25 所示。

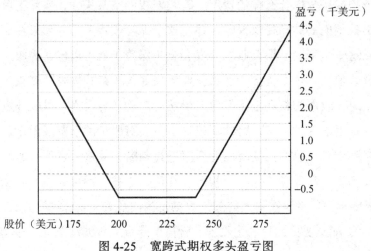

图 4-25　宽跨式期权多头盈亏图

这个组合的盈亏平衡点在 192.83 美元、247.17 美元。与跨式期权的盈亏图不同，由于行权价分开，中间区域多出一条横杠区间，这个区间的起点和终点正好是两张合约的行权价，也就是当到期日的股价位于这两个行权价之间时，宽跨式期权多头具有恒定的潜在最大损失，在这里是 717 美元，实际上就是两张合约无价值到期（expired worthless），价值全部归零，亏损的是全部的权利金。宽跨式期权一般使用虚值期权来建构，对于宽跨式多头来说，可以降低支出的权利金（虚值期权只有时间价值），对于宽跨式空头来说，可以扩大盈利范围（股价波动的范围）。但宽跨式也有相应的代价，对于多头来说，虽然降低了权利金支出，但盈利更不容易，除非出现更大幅度的价格变动；对于空头来说，虽然扩大了盈利范围，但收取的权利金相应地也减少了。

我们将前述例子中宽跨式期权的买入全部变成卖出，就可以得到一个宽跨式期权空头仓位（short strangle），其盈亏情况如图 4-26 所示。

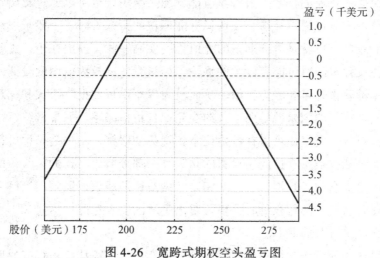

图 4-26　宽跨式期权空头盈亏图

这个空头仓位表明，以目前 220 美元的股价计算，只要在到期日时，股价在 193.08 美元至 246.92 美元之间，这个宽跨式期权空头头寸就是盈利的，而一旦股价跌破 193.08 美元或是超过 246.92 美元，头寸就会产生净损失。因此，宽跨式期权空头实际上希望的是股价缓慢、小幅变动（负 Gamma），同时随着时间流逝赚取时间价值（正 Theta），如果隐含波动率也能够下降（负 Vega），那就最好不过了。

一般的教科书是将跨式策略、宽跨式策略作为波动率策略来介绍的，换句话说，在建构跨式策略和宽跨式策略的时候，通常选择 Delta 中性进行建构，即以买入或卖出平值期权合约为主，并且同时开仓。但以我个人的交易经验来说，通常都不会通过同时开仓建构宽跨式策略，而是通过卖出看跌期权，先完成一条腿的建构，再在合适时机，卖出看涨期权，从而完成宽跨式期权空头仓位的构建。

我将宽跨式空头策略更多地看成卖出看跌期权策略的一种补充和延伸。

即开始时，完全按照卖出看跌期权策略，选择合适的股票、时机、交易价格，预留足够的安全边际并开仓。一般等到这个策略盈利 30%～50%的时候，再开仓卖出看涨期权，这实际上对已经盈利的部分是一种保护性对冲，因为即便股价回撤，看跌期权空头头寸浮盈部分随之减少，也可以通过卖出看涨期权部分获得收益，进行补偿。在选择看涨期权的行权价时，一般来说最好远离当前的股价，也就是看涨期权的虚值程度要高一些，原因在于，优质公司的股价在反弹时随时可能有巨大的涨幅，如果看涨期权虚值程度较低，随着股价的上涨就很有可能成为实值，从而较大概率出现亏损。跨式和宽跨式期权的空头，最优的结果就是两个合约在到期日价值归零。如果看跌期权的空头仓位被行权，我们还可以在低价位拿到想买的股票，不失为一种可行的策略。而看涨期权空头仓位的主要目的是对冲一部分股价下行的风险，所以看涨期权的空头仓位一旦被行权，就相当于做空优质股票，风险相当巨大，因此在选择看涨期权的行权价时，要预留出足够的安全边际，尽量减小看涨期权空头仓位被行权的概率。

如果选择的看涨期权虚值程度较高，虽然卖出看涨期权被行权的风险大大降低，但会产生另一个问题，即股价下行的风险补偿不足的问题。这很容易理解，看涨期权的虚值程度越高，价格越低，卖出看涨期权获得的收益也越小，对股价下行时的风险补偿就越小。这个时候通常有两种选择：第一种是什么也不做，因为卖出看涨期权本来就是为了对冲一部分风险，收益小一些也未尝不可；第二种就是卖出更多数量的看涨期权，以获取更多的负 Delta，进行风险补偿。就经验来说，这个比例一般在 2∶1 或 3∶1 会有最佳的风险收益比。如果超出 4∶1，则卖出看涨期权部分会面临比较大的风险。

像这种买入或卖出数量不等的期权合约，实际上就是所谓的比率价差（ratio spread）。对于跨式期权来说，买入的看涨期权多于买入的看跌期权，就构成一个带形跨式期权多头（long strap straddle）；卖出的看涨期权多于卖出的看跌期权，就构成一个带形跨式期权空头（short strap straddle）；买入的看跌期权多于买入的看涨期权，就构成一个条形跨式期权多头（long strip straddle）；卖出的看跌期权多于卖出的看涨期权，就构成一个条形跨式期权空头（short strip straddle）。

带形跨式期权多头一般会形成如图 4-27 所示的盈亏图。

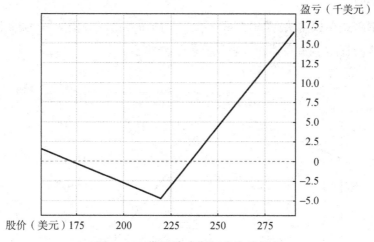

图 4-27　带形跨式期权多头盈亏图

可以看到，由于买入了更多数量的看涨期权，盈亏图的右侧具有更大的斜率，这和买入更多的看涨期权以求在上涨时获得更大的收益在逻辑上是一致的。如果交易者判断后市股价上涨的概率更大，可以使用这个策略。

条形跨式期权多头的盈亏情况如图 4-28 所示。

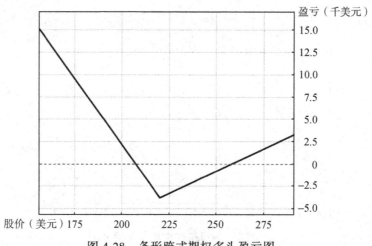

图 4-28　条形跨式期权多头盈亏图

这个策略实际上认为后市股价下跌的概率更大，从而想从股价下跌中获得更大的收益。

带形跨式期权空头、条形跨式期权空头的盈亏情况分别如图 4-29、图 4-30 所示，其特征与多头头寸正好相反，就不赘述了。

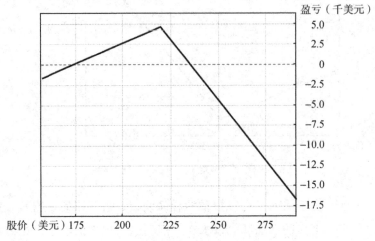

图 4-29　带形跨式期权空头盈亏图

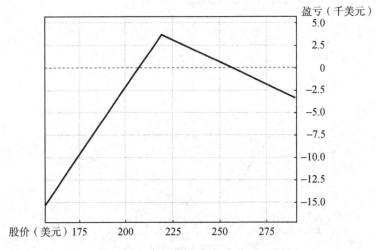

图 4-30　条形跨式期权空头盈亏图

带形跨式期权、条形跨式期权实际上是在跨式期权的基础上进行了变形，其希腊值特征与跨式期权完全相同（见表4-7）。

表4-7 带形与条形跨式策略的主要希腊值特征

策略组合	Gamma	Theta	Vega
带形与条形跨式期权多头	+	−	+
带形与条形跨式期权空头	−	+	−

宽跨式期权也可以基于同样的方式进行变形。如果买入的看涨期权数量大于买入的看跌期权数量，就构成带形宽跨式期权多头（long strap strangle）；如果买入的看跌期权数量大于买入的看涨期权数量，就构成条形宽跨式期权多头（long strip strangle）。而宽跨式期权的空头头寸正好相反。

带形宽跨式期权多头一般会形成如图4-31所示的盈亏图。

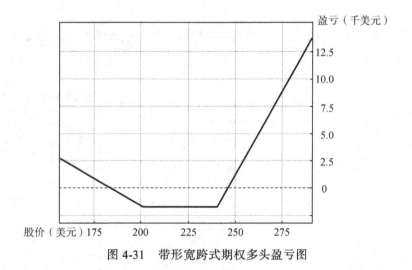

图4-31 带形宽跨式期权多头盈亏图

因为买入的看涨期权数量更多，所以该策略在股价上涨时的获利更多，因而右侧盈利曲线有更大的斜率。

条形宽跨式期权多头的盈亏情况如图4-32所示。

类似地，条形宽跨式期权多头买入的看跌期权数量多，可以从股价的下跌中获取更大的收益，因此盈利曲线左侧的斜率更大。

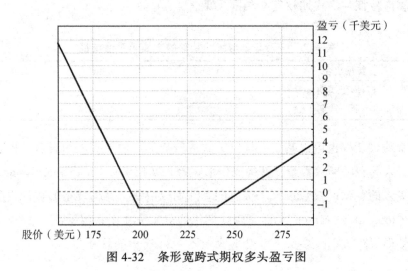

图 4-32　条形宽跨式期权多头盈亏图

带形宽跨式期权空头、条形宽跨式期权空头的盈亏情况分别如图 4-33、图 4-34 所示。

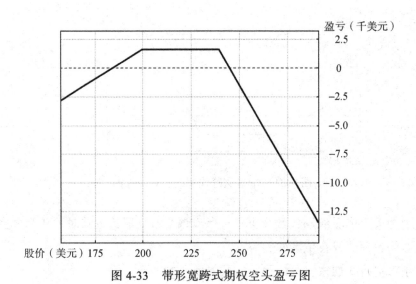

图 4-33　带形宽跨式期权空头盈亏图

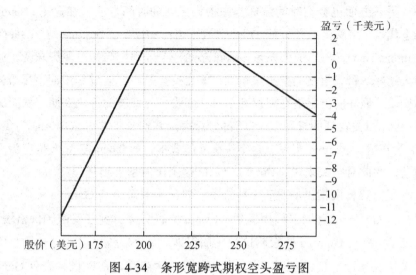

图 4-34　条形宽跨式期权空头盈亏图

与多头相反，卖出看涨期权数量多于看跌期权数量的带形宽跨式期权空头在股价大幅下跌时，可以获得更多的补偿，因此盈利曲线左侧的斜率更平缓，不那么剧烈；卖出看跌期权数量多于看涨期权数量的条形宽跨式期权空头，在股价大幅上涨时，可以获得更多的补偿，因此盈利曲线右侧的斜率更平缓。

无论是带形宽跨式期权还是条形宽跨式期权，实际上都是在宽跨式期权的基础上进行了变形，其希腊值特征与宽跨式期权完全一致（见表 4-8）。

表 4-8　带形与条形宽跨式策略的主要希腊值特征

策略组合	Gamma	Theta	Vega
带形与条形宽跨式期权多头	+	−	+
带形与条形宽跨式期权空头	−	+	−

无论是跨式策略、宽跨式策略，还是它们的各类变种带形、条形策略，只要是策略的多头，其希腊值的风险特征就是一样的，即正 Gamma、负 Theta、正 Vega，这表明，一旦建立了跨式策略的多头，实际上就在期待股价的快速、大幅变动，并以此获利。同时买入两张期权合约，实际上具有更大的正 Gamma 值，和更大的负 Theta 值，一方面可以从股价的快速、大幅变动中获得更大的

收益，另一方面也会在时间流逝当中损失更多的时间价值。在这里，Gamma 实际上代表了多头的收益，而 Theta 代表了多头的成本。Gamma 与 Theta 的比值 Gamma/Theta，可以成为衡量多头策略的一个效率指标，对多头来说，这个值越大越好。跨式策略的空头策略则正好相反，其隐含假设是预期市场缓慢、小幅变动，最好的情况是在期权到期日，两张合约都能无价值到期，从而成为废纸一张，以便收到的权利金全部转化为盈利。在空头头寸里，Gamma 为负值，Theta 为正值，Gamma 实际上是空头头寸的成本，而 Theta 实际上是空头头寸的收益，因此对空头来说，Gamma/Theta 这个比值越小越好。

这里需要特别指出的是，交易新手一般被告诫避免高 Gamma 的交易，尤其是高负 Gamma 值的交易。因为负 Gamma 值表明交易者希望市场价格缓慢、小幅变动，高负 Gamma 值表明这种预期很强，而交易新手通常对市场小概率的极端情况预计不足，因此当市场价格快速、大幅变动的时候，高负 Gamma 值的头寸通常会遭受较大程度的损失。从单纯的期权交易角度出发，这种看法毫无疑问是正确的。但是我们交易者可以交替使用期权和股票两种金融工具，并非一定要在期权交易上获利（虽然通常来说，我们希望如此），因此像卖出看跌期权策略，以及由这个策略转化而来的宽跨式期权空头策略，都具有负 Gamma 值。即便看跌期权被行权，我们也将收获低价位的优质股票，这是我们乐于接受的结果，因此站在交易者（不以期权交易获利为唯一目的）的角度来看，并不能说负 Gamma 值总是会带来巨大风险。在笔者看来，卖出看跌期权和宽跨式期权空头策略最大的风险其实不是负 Gamma 值可能带来的损失，而是期权空头仓位被行权后可能的爆仓风险，因此交易者需要审慎选择期权行权价，并用现金余额来调节这种风险。关于期权的爆仓风险，我们将在后续章节专门讨论。

4.4　合成策略

在第 2 章介绍希腊值时我们知道，标的股票合约的 Delta 为 100，而看涨期权和看跌期权都有各自的 Delta 值。如果一个策略的 Delta 值之和也为 100，那么这个策略的价值就可以模拟股票的价值。事实上，一份期权合约可以和股票或是其他期权合约进行组合，从而模仿出其他策略的收益特征，这样的组合策略就是合成策略（synthetic position）。合成策略的特点在于，其交易方向可多头、可空头、可多空组合，变化繁复，但必须由两条腿组合而成，属于"合则双美、离则两伤"。

我们知道平值看涨期权的 Delta 值为 50，平值看跌期权的 Delta 值为-50，所以如果我们买入一个平值看涨期权，同时卖出一个平值看跌期权（卖出后，看跌期权空头头寸的 Delta 就为正），就构成了一个最常见的合成策略，其 Delta 值正好为 100，与直接买入股票的收益相同，具体的盈亏情况如下（见图 4-35）。

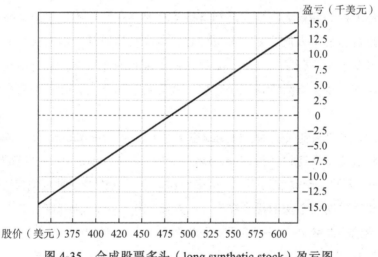

图 4-35　合成股票多头（long synthetic stock）盈亏图

可见，盈亏线完全是一条直线，表明整个组合的盈亏和股价是线性关系，组合也就完全复制了股票的盈亏情况（在组合到期前）。实际上我们有两个最常见的公式来描述这种情况：

合成股票多头 ＝ 看涨期权多头 ＋ 看跌期权空头
合成股票空头 ＝ 看涨期权空头 ＋ 看跌期权多头

需要注意的是，这里的看涨期权和看跌期权通常都用平值期权。此外，上面两个式子通过移项，可以得到下面四个式子：

合成看涨期权多头 = 股票多头 + 看跌期权多头
合成看跌期权空头 = 股票多头 + 看涨期权空头
合成看涨期权空头 = 股票空头 + 看跌期权空头
合成看跌期权多头 = 股票空头 + 看涨期权多头

一般来说，在交易当中用得比较多的是合成股票多头。由于卖出看跌期权收到的权利金可以弥补买入看涨期权支付的权利金，因此这个合成策略在很大程度上可以节省成本，通常情况下，合成股票多头的持股成本，相当于直接买入股票成本的 25%左右。这就给了交易者相当大的灵活性，以较少的投入，可以实现较大幅度的盈利，实际上是放大了交易者的杠杆。根据盈亏图，其最大盈利和最大损失，都和直接持有股票相同。不过这个策略也有缺点，一旦目标公司发放股利，股票持有者可以收到股息，而期权合成的股票仓位就完全享受不到了。此外，期权合约都是有到期日的，一旦期权合约到期，如果交易者想继续维持这个仓位，就必须重新开仓，会带来交易的手续费成本。

除此之外，深度实值裸看跌期权空头（short deep-in-the-money naked put）和深度实值裸看涨期权多头（long deep-in-the-money naked call）的 Delta 值都接近 100，因此在交易实践当中，也可以作为股票仓位的一种近似代替品。深度实值裸看跌期权空头的优点在于，一方面，其 Delta 接近 100，基本上可以复制股票的涨跌效果；另一方面，可以收到一笔可观的权利金，这笔权利金在账户里是有利息收入的。缺点是，凡是卖出看跌期权，都需要占用一定的保证金，不过占用的保证金数额会远远小于持有股票需要的资金。此外，实值的美式期权存在被提前指派的可能性，但美国市场相对来说流动性很好，在一个具有深度且流动性丰富的市场中，套利者（arbitrager）会将套利空间压缩得很小以致可能并不存在套利空间，因此提前行权的可能性不会太大。深度实值裸看涨期权多头的优点在于，你可以通过支付比股价小得多的成本，从而基本上复制同样股票仓位的持股效果。随着股价的上涨，其 Delta 值会增加，从而使在期权仓位的获利有一种"加速度"的感觉。其缺点也显而易见，不能分享股利，并且随着到期日的临近，可能会面临重新开仓的交易费用。

此外，前面提到的后四个等式，在笔者的观察范围内，在交易实践中用得并不多，原因在于，等式的右边基本上都由两笔交易构成，而等式的左边只需要一笔交易即可。这在交易量比较小的时候影响可能不大，一旦交易量十分巨大，产生的交易费用就会成倍增加，这对潜在盈利是个不小的侵蚀。

4.5　比率价差策略

《期权销售完整指南》(The Complete Guide to Option Selling)一书，由詹姆斯·科迪尔(James Cordier)和迈克尔·格罗斯(Michael Gross)两人合著，麦格劳-希尔出版社出版，目前已经出到第3版。该书是域外之人写的域外之物，然而对于我们而言，他山之石，可资借鉴。这两个哥们儿是期权实战界的老手，有意思的是，他们说："西方哪个策略我们没玩过？我们见得多啦！"然后把牛市价差策略、蝶式期权策略(butterfly)、对角价差策略三个策略拉出来批判一番，最后总结说，别玩那些带动物昆虫名字的策略，不靠谱。真是既有文艺范儿，又给人以警示。以我个人经验和观察到的事实而言，做蝶式期权、鹰式期权长期赚钱的都极为稀少，这个告诫还是很有含金量的，大家可以在日后的实践当中多加体会。

只破不立，当然说不过去了，这两位就提出了他们认可的好的策略标准：

1. 如果所有期权到期后都无价值，你仍能盈利；
2. 该策略容易理解和执行；
3. 市场可以有多种可能的变化，你仍能盈利；
4. 不需要预测市场走势；
5. 标的合约的价格缓慢变动。

除此之外，他们还推荐了三种可行策略和一种最佳策略。下面我对这几种策略做个综述。

第一种是卖出宽跨式期权。这个策略在讲跨式策略时我们已经详细介绍过了。他们在书中没有涉及希腊值的风险分析，主要是认为这个策略可以：

①抵消价格涨跌带来的组合价值波动,因为无论股价涨跌,看涨期权和看跌期权的价值涨跌都可以部分地相互抵消;②保证金占用少,回报率高;③市场不需要大幅向特定方向变动才能盈利。主要的缺点首先是一旦发生大幅度的价格变动,组合就比较脆弱,容易亏钱;其次是盈利的空间有限,缺少开放式的盈利空间。需要指出的是,作者在运用这个策略时是同时开仓卖出看涨期权和看跌期权的,而我们在介绍这个策略时,是通过卖出看跌期权的策略转化而来的,即先卖出看跌期权,再在合适的时机卖出看涨期权,这样保护性就更强一些。作者将卖出宽跨式期权策略作为推荐的第一种策略列出,但并非所有人都认可。比如《期权波动率与定价》的作者谢尔登·纳坦恩伯格(Sheldon Natenberg)就认为,在各种波动率价差中(即初始都是 Delta 中性或近似 Delta 中性、主要依靠波动率变化获利的价差),跨式期权和宽跨式期权的 Gamma 值、Vega 值通常最大,因而具有最大的风险;而蝶式期权和鹰式期权的 Gamma 值、Vega 值通常最小,因而具有最小的风险。当交易者对市场估计正确时,跨式期权和宽跨式期权收益最大,估计错误时损失也最大;而蝶式期权和鹰式期权就正好相反。

我的看法是,这两种看法都正确,但在实践上,我更倾向于科迪尔和格罗斯,并会认真审视纳坦恩伯格提到的风险问题。后者纯粹是从期权合约的性质出发,对可能的风险进行了提炼和总结,但我们是市场参与者,并非纯粹的期权交易者,我们的目的是交易获利,并不仅仅是通过期权交易获利。我们可以交替使用股票和期权,这给了我们很大的转换空间和灵活性,就拿我提到的卖出看跌期权策略来说,首先,我们对标的合约是经过审慎选择的,通俗来讲就是要选择那些具有很深护城河、基本面良好的优质公司;其次,在对公司内在价值有判断且股价回调时,选择虚值看跌期权进行卖出。这实际上已经是在通过提前筛选,将风险限定在一定范围内,并留出了安全边际,以备不虞。这个时候,即便卖出的看跌期权被行权指派,风险相对来说也小得多。在低价位拿到优质股票,这不是梦寐以求的良机吗?但纯粹的期权专家并不这么认为。因为期权专家考虑的出发点是纯粹的期权交易,如果看跌期权被行权,那么在期权到期日,这个期权的价值必定为负,而一旦价值为负,从期权交易的角度来讲,这笔交易就是失败的。因此从纯期权交易的角度看，由卖出看涨期权和卖出看跌期权组成的跨式期权和宽跨式期权，具有最大的 Gamma 和 Vega，因而风险最大；但对于既可以使用股票也可以使用期权的交易者来说，尤其是在我们对标的合约经过筛选、对行权价格留出充分安全边际的情况下，跨式和宽跨式策略未必是风险最大的。所以，我比较能理解科迪尔和格罗斯将卖出宽跨式期权放在书里进行推荐的原因所在。

科迪尔和格罗斯推荐的第二种策略是垂直贷方价差（vertical credit spread）策略，也就是牛市看跌价差和熊市看涨价差这两个策略。两人认为这两个策略的优点在于：①最大亏损明确，不需要实时监控；②可以在多种市场条件下使用；③有吸引力的保证金占用，即高回报率。缺点主要包括：①通常需要持有至到期才能获利；②不是在所有条件下都适用，在价差太小、风险回报不匹配时就难以应用。整体来说，两人偏向于贷方价差。前面我们已经提到，贷方价差的特点是容错性高，和借方价差相比，盈利的概率也更高。因此垂直贷方价差确实是可以考虑的一种策略，但仍然需要对标的合约的运动方向做出判断。

第三种是卖出备兑看涨期权策略。这个策略我们在讲六种基础策略的时候已经做过介绍。其优点是不会增加额外的风险和额外的保证金，但会限制盈利空间，而对于优质股票来说，有时候可以获得一定的持股补偿，有时候是捡了芝麻丢了西瓜，成为一种得不偿失的策略。对于刚开始期权交易的朋友来说，这不失为一种可以尝试的策略，用以找找市场的感觉，但对于经验丰富，尤其是对公司有比较深入研究的交易者来说，这个策略的局限性还是比较大的。

此外，科迪尔和格罗斯还提出了他们认为最厉害的一种策略，即比率价差策略。比率价差是指，通过买入和卖出相同类型、相同到期日但数量不相等、不同行权价的期权组成的价差。通常来说，买入期权数量多于卖出期权数量的，称为比率价差多头（long ratio spread），卖出期权数量多于买入期权数量的，称为比率价差空头（short ratio spread）。用看涨期权和看跌期权都可以构建比率价差。

我们以特斯拉的期权来举例。股价为 484 美元，交易者买入 2 张其 2020 年 4 月 17 日到期、执行价为 490 美元的看涨期权合约，卖出 1 张相同到期日、执行价为380美元的看涨期权合约，其盈亏情况如下（见图4-36）。

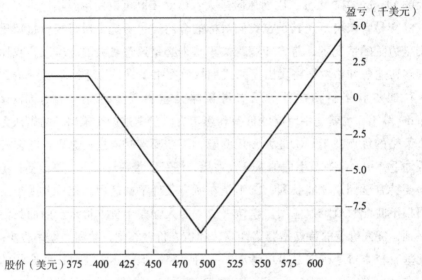

图4-36 看涨期权比率价差多头盈亏图

可以看到，买入看涨期权比率价差（call ratio spread），其实相当于买入跨式期权的变形，在保持上涨开放式盈利空间的同时，将下跌的盈利空间限制住了。这个盈亏图表明，持有看涨期权比率价差多头的交易者，实际上希望股价大幅变动，并以此获利。同样，基于看跌期权构建的看跌期权比率价差（put ratio spread），也相当于买入跨式期权的变形，但它是将上涨空间进行了限制，而保留了股价下跌时，期权仓位的开放式盈利空间。比如我们买入2份相同到期日、行权价为430美元的看跌期权，卖出1份行权价为530美元的看跌期权，就会有如下的盈亏图（见图4-37）。

因此，比率价差多头相当于跨式期权多头的变形。如果认为后市价格有较大的上涨空间，可以选择组成看涨期权比率价差，从而在上涨中获益更多；如果认为后市价格下跌的可能性较大，则可以组成看跌期权比率价差，从股价大幅下跌中获得更大收益。

相应地，比率价差空头类似于跨式期权空头的变形，只是卖出期权的数量要大于买入期权的数量。如果我们卖出2份4月17日到期、行权价为530

美元的看涨期权，买入 1 份相同到期日、行权价为 430 美元的看涨期权，其盈亏图就如下所示（见图 4-38）。

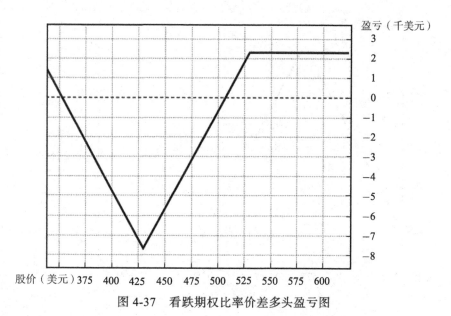

图 4-37　看跌期权比率价差多头盈亏图

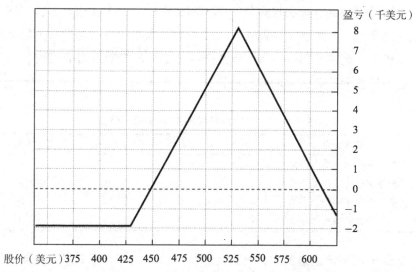

图 4-38　看涨期权比率价差空头盈亏图

如果我们卖出 2 份 430 美元的看跌期权，买入 1 份 530 美元的看跌期权，其盈亏图如下（见图 4-39）。

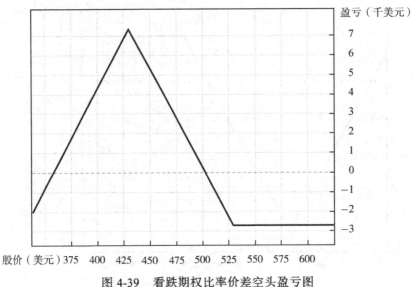

图 4-39　看跌期权比率价差空头盈亏图

大家可以看到，其实比率价差多头和比率价差空头类似，看涨期权和看跌期权的作用，分别在于限制住了头寸在股价大幅下跌或是股价大幅上涨时的亏损程度。至于选择哪一种，本质上体现了交易者对后市的预期。

这四种比率价差主要的希腊值特征，见表 4-9。

表 4-9　比率价差策略的主要希腊值特征

策略组合	Gamma	Theta	Vega
看涨期权比率价差多头	+	−	+
看涨期权比率价差空头	−	+	−
看跌期权比率价差多头	+	−	+
看跌期权比率价差空头	−	+	−

这四种比率价差是最为常见也是最为经典的类型，但如果仅此而已，也就只是几个普通的策略而已。两位作者的厉害之处在于，他们神乎其技地将

比率价差的行权价进行了略微调整,从而很大程度上提高了比率价差策略的胜率。还是特斯拉的例子,如果我们卖出 2 份行权价为 560 美元的看涨期权,买入 1 份行权价为 530 美元的看涨期权,从而组成一个看涨期权比率价差空头策略,那么这个组合的盈亏情况如下(见图 4-40)。

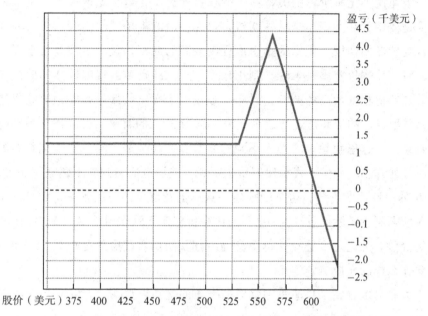

图 4-40　调整后的看涨期权比率价差空头盈亏图

这个价差的特点在于,拥有广阔的盈利空间。当股价在到期日小于行权价较低的看涨期权的行权价时,这个仓位的盈利是固定的,为 1375 美元左右,实际上等于建立这个仓位时收到的权利金;当到期日股价在两个看涨期权的行权价之间时(530~560 美元),这个组合的价值随股价升高从 1375 美元逐渐增加至最大潜在盈利 4381 美元;当到期日股价在 560 美元至 603 美元时,这个组合的价值随股价升高从最大值 4381 美元逐渐减少到 0。也就是说,只要到期日的股价没有超过 603 美元,这个组合就是盈利的,而目前的股价在 484 美元。因为调整了策略的行权价,股价的下行风险得到了非常好的控制,增加了广阔的盈利空间,从而使策略在股价下跌、横盘、上涨(只要不是暴涨）的情况下都能获利，这么看，这个策略确实是有些厉害。但是需要提醒大家的是，上面的盈亏图是到期日时期权组合的理论价值，在尚未到到期日时，如果标的股票的价格出现大幅度变动，这个组合仍有可能出现暂时的亏损，并随着时间的流逝，逐渐向到期日的盈亏曲线靠拢。

组建这个比率价差的关键在于行权价的选择，对于比率价差空头来说，无论是使用看涨期权还是看跌期权，首先使用的都是虚值期权，买入的是虚值程度较低的期权，卖出的是虚值程度较高的期权，且卖出数量大于买入数量；对于比率价差多头来说，则正相反，买入的是实值程度较低的期权，卖出的是实值程度较高的期权，且买入数量大于卖出数量。此外，根据科迪尔和格罗斯给出的经验值，当这个比率一般为 3∶1 的时候，可以建立最佳的风险收益比。这里我想说的是，不同的交易者，甚至是不同的期权交易专家，看法可能都不尽相同。就拿比率价差来说，纳坦恩伯格倾向于建立初始 Delta 为 0 的中性比率价差，这可能跟他一直承担做市商的角色有关，而科迪尔和格罗斯则通过经验推荐 3∶1 比例的比率价差，而这很可能是一个 Delta 非中性的价差。无论怎么选择，每个交易者都要明白自己要的是什么，从而决定建立什么样的仓位。

大家可以看到，科迪尔和格罗斯推荐的这几种策略，有以下几个特点：

1. 形式简单，逻辑清晰，执行容易；

2. 都是利用相反仓位的期权相互对冲，使股价的波动对整体期权仓位价值的影响相对较小；

3. 都是贷方价差，即整体上看都是收到权利金；

4. 都期待价格的小幅或缓慢变动（负 Gamma），都从时间流逝中获益（正 Theta）；

5. 都有比较宽的盈利区间，可以接受一定程度的股价波动。

这和我以卖出看跌期权为起点拓展出的卖出宽跨式期权等相关策略大同小异。在本质上，它们都是以卖期权为主（即成为贷方价差），也和我在介绍基础策略时的核心观点基本一致——卖期权类似于卖保险，而卖保险真的是一门好生意,尤其是在承保条款可自己制定的情况下更是如此。这真有种闭门造车、出门合辙的感觉。如果说本书有什么新颖的观点,大概是强调了风险和收益的非对称性,以及在非对称的视角下,对为什么卖期权是个好策略做了一些进一步的思考。

4.6 其他常见策略

在前面的章节中我们已经介绍了期权交易的六种基础策略、价差策略、跨式策略、宽跨式策略、合成策略和比率价差策略,本节我们再简要介绍四种常见但略微复杂的策略,这些策略通常都由三个或三个以上不同行权价的期权合约组成。这四个策略分别是:蝶式期权策略、铁鹰式期权策略(iron condor)、梯形期权策略(ladders)、双重跨期策略(double diagonal)。

蝶式期权策略,通常由同一类型的(同为看涨期权或同为看跌期权)3个行权价的 4 份期权合约构成。买入较低行权价、较高行权价的期权合约各 1 份,卖出 2 份中间行权价的期权合约,构成蝶式期权的多头(long butterfly);而卖出较低行权价、较高行权价的期权合约各 1 份,买入 2 份中间行权价的期权合约,则构成蝶式期权的空头(short butterfly)。

比如,假定阿里巴巴的股价为 200 美元,交易者买入一个月后到期、行权价为 180 美元、220 美元的看涨期权合约各 1 份,卖出行权价为 200 美元的看涨期权 2 份,即构成蝶式看涨期权多头(long call butterfly),其盈亏情况如图 4-41 所示。

从盈亏图上看,蝶式期权的多头头寸类似于跨式期权的空头头寸,只不过上下两端的亏损部分被限制住了,因此其风险实际上小于跨式期权的空头头寸。也正因为风险有限的特点,这个策略被一些交易者经常使用。从策略构成上看,蝶式期权的多头实际上相当于一个牛市价差与熊市价差的组合,其盈亏图大略也相当于这两个价差盈亏图的组合。

如果我们将上述例子的头寸方向进行调转,即卖出行权价为 180 美元、220 美元的看涨期权合约各 1 份,买入行权价为 200 美元的看涨期权合约 2 份,即得到蝶式看涨期权空头（short call butterfly），其盈亏情况如图4-42所示。

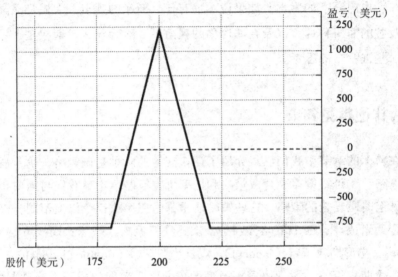

图4-41　蝶式看涨期权多头盈亏图

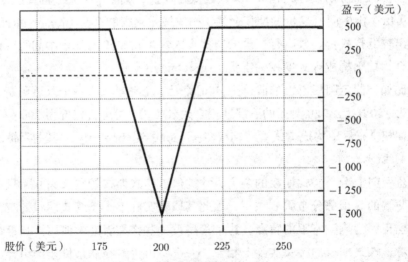

图4-42　蝶式看涨期权空头盈亏图

类似地，蝶式期权的空头头寸实际上相当于跨式期权多头头寸的变形，只不过将股价在上下行空间的收益进行了限制。与跨式期权的多头相比，这个组合的最大盈利是有上限的，即为初始交易时收取的权利金。从策略组成上看，蝶式期权的空头头寸相当于一个熊市价差与牛市价差的组合，盈亏图也大略是这两个价差盈亏图的组合。

蝶式期权策略希腊值特征见表 4-10。

表 4-10 蝶式期权策略的主要希腊值特征

策略组合	Gamma	Theta	Vega
蝶式期权多头	−	+	−
蝶式期权空头	+	−	+

如果我们将蝶式期权中间行权价的 2 份合约拆分成 2 个不同行权价的合约，那么得到的就是铁鹰式期权。买入较低行权价和较高行权价的期权合约各 1 份，卖出两个不同中间行权价的期权合约各 1 份，就构成了铁鹰式期权多头（long iron condor），相反，则构成铁鹰式期权空头（short iron condor）。

仍以阿里巴巴为例。如果交易者分别买入行权价为 180 美元、220 美元的看涨期权合约各 1 份，卖出行权价为 190 美元、210 美元的看涨期权合约各 1 份，那么就组成了一个铁鹰式看涨期权的多头头寸，其盈亏情况如下（见图 4-43）。

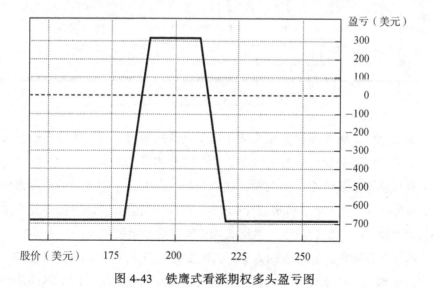

图 4-43 铁鹰式看涨期权多头盈亏图

我们可以看到，铁鹰式期权多头头寸实际上相当于宽跨式期权空头头寸的变形，对宽跨式期权空头头寸在股价上下行风险带来的损失进行了限制。从策略组成上看，铁鹰式期权多头头寸相当于牛市价差和熊市价差的组合，其盈亏图几乎完全等于两个价差的盈亏图组合。

如果将上述头寸的方向调转，即卖出行权价为 180 美元、220 美元的看涨期权，买入行权价为 190 美元、210 美元的看涨期权，就可以得到铁鹰式看涨期权空头，其盈亏情况如下（见图 4-44）。

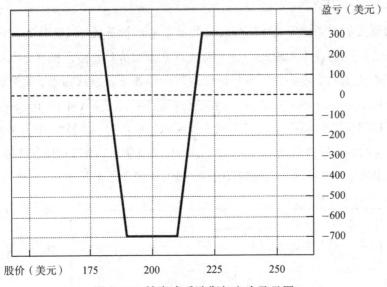

图 4-44　铁鹰式看涨期权空头盈亏图

类似地，铁鹰式期权空头头寸相当于宽跨式期权多头头寸的变形，对股价在上下行空间的收益进行了限制，这个组合的最大盈利，即为初始交易时收取的权利金。从策略组成上看，铁鹰式期权空头头寸相当于一个熊市价差（bear spread）与一个牛市价差（bull spread）的组合，其盈亏图也几乎完全是这两个价差盈亏图的组合。铁鹰式期权策略的希腊值特征，见表 4-11。

梯形期权策略，有时也称为圣诞树形策略（Christmas tree），通常是一类策略的统称。一般来说，买入较低行权价的看涨期权，卖出两个不同价位、较高行权价的看涨期权,就构成梯形看涨期权多头(long call ladders);而卖出较低行权价的看涨期权,买入两个不同价位、较高行权价的看涨期权,则构成梯形看涨期权空头(short call ladders)。对于梯形看跌期权的多头、空头,买入的价位正好相反。通常来说,净支出权利金的头寸,称为多头头寸;净收入权利金的头寸,称为空头头寸,这样更容易记忆。

表 4-11　铁鹰式期权策略的主要希腊值特征

策略组合	Gamma	Theta	Vega
铁鹰式期权多头	−	+	−
铁鹰式期权空头	+	−	+

假设交易者买入阿里巴巴一个月后到期、行权价为 190 美元的看涨期权合约,同时卖出行权价为 210 美元、220 美元的看涨期权合约,就构成了一个梯形看涨期权的多头头寸,这个头寸的盈亏情况如下(见图 4-45)。

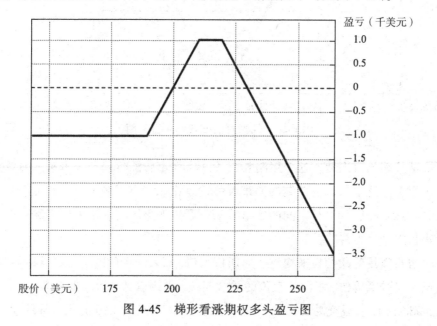

图 4-45　梯形看涨期权多头盈亏图

从策略构成上看,这个策略相当于一个牛市看涨价差与一个卖出看涨期权的组合。与单独的牛市看涨价差相比,这个策略在股价下行时有更多的风险补偿，但由于卖出的最高价格的看涨期权通常是虚值看涨期权，因此权利金较少，补偿也有限。

如果交易者卖出 190 美元的看涨期权，买入 210 美元、220 美元的看涨期权，就会构成一个梯形看涨期权的空头头寸，其盈亏情况如下（见图 4-46）。

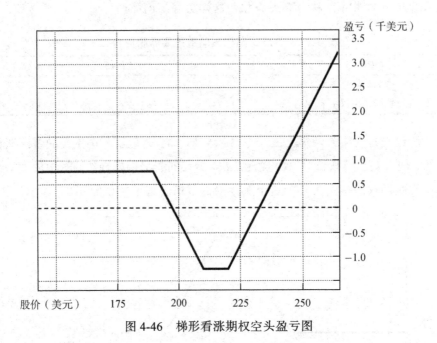

图 4-46 梯形看涨期权空头盈亏图

从策略构成上看，这个策略相当于一个熊市看涨价差与一个买入看涨期权的组合。这个组合与单纯的熊市看涨价差相比，由于多了一个看涨期权多头，实际上将股价上行空间的收益重新打开，如果股价最终大幅上涨，这个熊市价差最终也将收益。

也可以用看跌期权来构建梯形期权策略，买入一个较高价位的看跌期权，卖出两个较低价位、不同行权价的看跌期权，则构成梯形看跌期权多头（long put ladders）。假设交易者买入一个月后到期、行权价为 220 美元的看跌期权，卖出相同到期日、行权价为 205 美元、195 美元的看跌期权，其盈亏情况如下（见图 4-47）。

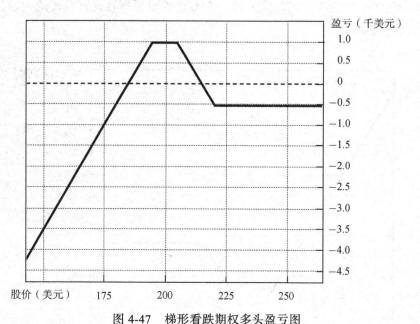

图 4-47 梯形看跌期权多头盈亏图

从策略构成上看，这个策略实际上相当于一个熊市看跌价差与一个卖出看跌期权的组合。与单纯的熊市看跌价差相比，该策略在股价大幅下行时将面临亏损的风险，同时在股价上行时，会有更多的补偿。

如果将上述这个头寸的交易方向反转，则构成梯形看跌期权空头。假设交易者卖出 220 美元的看跌期权，买入 205 美元、195 美元的看跌期权，其盈亏情况如下（见图 4-48）。

从策略构成上看，这个策略相当于一个牛市看跌价差与一个买入看跌期权的组合。与单纯的牛市看跌价差相比，这个策略在股价下行时会得到一些补偿，同时当股价大幅下行时，有可能整体上实现盈利。

梯形期权策略的希腊值特征，见表 4-12。

通过梯形期权策略的四个例子，我们看到，梯形看涨策略实际上是将股价充分上行后的盈亏空间重新打开，梯形看跌策略实际上是将股价充分下行后的盈亏空间重新打开。并且，由于是组合策略，在股价上涨或下跌时，策略都产生了一定程度上的风险补偿。交易者需要根据自己对后市的判断，选择合适的策略。

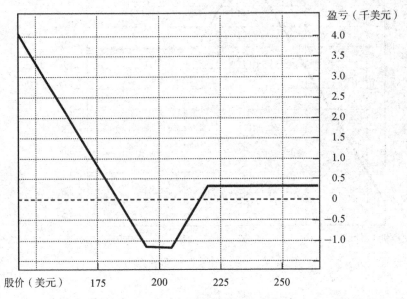

图 4-48 梯形看跌期权空头盈亏图

表 4-12 梯形期权策略的主要希腊值特征

策略组合	Gamma	Theta	Vega
梯形看涨期权多头	−	+	−
梯形看涨期权空头	+	−	+
梯形看跌期权多头	−	+	−
梯形看跌期权空头	+	−	+

双重跨期策略通常由一个对角看涨价差（diagonal call spread）和一个对角看跌价差（diagonal put spread）组合而成。对角价差通常有两个行权月，这个策略的基本逻辑，是前月（front-month）期权时间价值的消逝速度比后月（back-month）期权时间价值的消逝速度更高。

仍以阿里巴巴为例。假设交易者买入 60 天后到期、行权价为 180 美元的看跌期权，并且卖出30天后到期、行权价为190美元的看跌期权；同时，交易者卖出30天后到期、行权价为210美元的看涨期权，并且买入60天后到期、行权价为220美元的看涨期权。这就构成了一个双重跨期策略的空头头寸，其盈亏情况如下（见图4-49）。

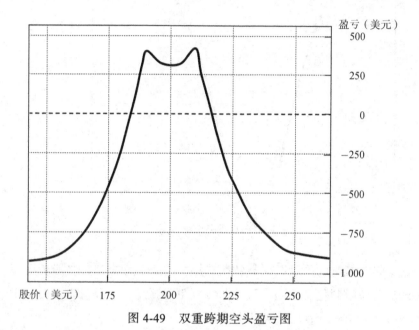

图4-49 双重跨期空头盈亏图

这个策略的盈亏图，类似于铁鹰式期权的多头头寸，股价上下行的最大亏损被限制住了，但盈亏曲线更有弧度。实际上，这个策略跟铁鹰式期权多头头寸一样，都希望股价能够小幅、缓慢波动，并以此获利。当股价等于两个中间的行权价时，策略具有最大潜在盈利。

如果上述头寸的交易方向相反，即卖出60天后到期、行权价为180美元的看跌期权，并且买入30天后到期、行权价为190美元的看跌期权；同时，买入30天后到期、行权价为210美元的看涨期权，并且卖出60天后到期、行权价为220美元的看涨期权，那么会得到一个双重跨期策略的多头头寸，其盈亏情况如下（见图4-50）。

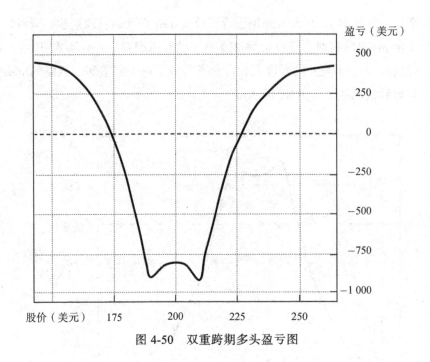

图 4-50　双重跨期多头盈亏图

这个多头策略的盈亏图，与铁鹰式期权空头头寸类似，将股价上下行大幅波动的收益限制住了，同时盈亏曲线也更有弧度。当股价等于两个中间的行权价时，这个头寸具有最大的潜在损失。

双重跨期策略的希腊值变化比较复杂，除了多头头寸 Vega 始终保持正值、空头头寸 Vega 始终保持负值外，其他希腊值的符号会随着时间变化而变动，没有一致的规律。

本节简要介绍了四个复杂的策略，一般来说，这些复杂的策略涉及多个行权价、多份期权合约。由于使用价差的形式将整个头寸的最大损失进行了限制，整个头寸通常来说不会面临无限损失的可能。但是，正如所有的价差策略一样，策略本身并不能从根本上提高交易的胜率，因此这些复杂的策略若要盈利，仍然需要交易者对后市股价的运动方向与运动幅度做出比较可靠的判断。同时，由于价差策略在限制风险的同时，将一部分收益也限制住了，即便股价按照交易者最初设想的方向运动，一些策略的收益也是有上限的。

因此，在交易中是否使用这些复杂的策略，在什么样的性价比条件下使用这些策略，是每个交易者应该考虑的问题。

4.7 期权策略要点

在做期权策略时，有几个要点，分别是：简单、有效、风险可控。

先说简单。人们的认知大概对复杂和艰深有一种根深蒂固的崇拜，好像做对一道越复杂、越难懂的数学题，就越厉害一样。股市里经常听到有人说，某某某赚钱不就是买了茅台嘛！就好像买茅台太简单，赚的钱就不是钱一样。非要买了大家都不知道、不熟悉的黑马股赚了钱才显得慧眼独到、身手不凡。其实大可不必。简单才具有力量，简单即是美德。爱因斯坦将聪明分为五个等级，分别是聪明（smart）、聪慧（intelligent）、高明（brilliant）、天才（genius）、简单（simple）。简单是超越天才之外的最高目标，有"道法自然""大道至简"的意思，足以说明简单的价值。很多事情听起来很简单，但并不容易。价值投资很简单，但价值投资并不容易；期权交易的基本策略很简单，但用好并不容易。用简单的策略，可持续、可重复、低风险地赚钱，才是我认可的交易理念。简单的策略赚到的钱也是钱，使用了复杂的策略，或是像金融工程的宽客一样建构 Delta 中性策略，并不一定非常高明，普通的期权交易者大可不必如此。那什么是简单的策略？如果你不能清晰地给一个不懂期权的朋友讲清楚某个策略的运行逻辑，那么你运用的可能就不是一个简单的策略。

再说有效。复杂的策略除了应用条件比较苛刻以外，最大的问题是赚钱效果一般，因为其往往需要对股票的后市涨跌、幅度、时间做出比较准确的预测。预测的因素越多，存在偏差的可能性就越大。此外，衡量是否有效最好的办法就是定期复盘、统计，看一下在一年的交易当中，哪些策略赚钱了，哪些策略亏钱了，以及背后的原因分别是什么，评析优劣得失，才能不断进步。有效的策略多用，无效的策略少用。对别人有效的策略对自己未必有效，对别人无效的策略对自己未必无效。伟大的投资者、交易者，没有一个不是善于总结的，没有一个不是自我学习、自我驱动、自我进步的。

然后说说风险可控。对于成熟的期权交易者来说，最重要的莫过于风险控制。很多时候，期权交易并非死于价格，而是死于仓位。在这个意义上说，仓位决定生死。什么时候仓位是过重了呢？如果你早上醒来第一件事是去检查昨晚的仓位，那么毫无疑问，仓位过重了。我们在前面花了很大篇幅，讲卖出看跌期权策略占尽天时（时间价值衰减）、地利（卖方胜率更高）、人和（优质公司长期上涨），就是想说明，这个策略本身具有一些先天的优势，这些优势可以成为我们的理论胜算，从而增加我们交易获胜的概率。但是请注意，高胜算的交易，只有在长时间段内，才会显示出越来越大的力量，如果短期内爆仓出局，你的理论胜算就归零了。因此，在期权交易领域，活得越久，你的胜算越大，复利也就越大。这个道理不难理解。

期权交易在本质上是个概率问题。对于期权卖方来说，尤其如此。其实就是对标的股票在一段时间内的涨跌空间做出判断（概率预估），从而决定卖出什么时间段、行权价为多少的看涨期权或看跌期权（给概率定价）。股票现价和期权的行权价之间就是安全边际，不同的股票、不同的交易者有不同的安全边际。安全边际实际上充当了一个缓冲带，相对于单纯判断股价涨跌这种二元判断，缓冲带提供了更宽阔的获利区间。对于交易者来说，判断一只股票在一定时间内的涨跌幅，尤其是在这个涨跌幅是自己给出的时候，比单纯判断股价是涨是跌要相对容易得多。因此，期权交易者从某种程度上来说，都是概率高手。

这些林林总总的期权策略，对交易者来说，并不具有同等的重要性。我们并不是要使用过所有的期权策略才是合格的或成熟的期权交易者，我们也没有必要在所有复杂的期权策略上都赚钱才足够优秀。我们并不是中学老师，需要平等地照顾到所有学生，我们更像是婚恋市场的一方，所要做的恰恰是找出那些先天条件就比较好的"高富帅、白富美"，我们是在做交易、赚钱，并不是在做慈善，需要雨露均沾。大部分期权教科书对各种策略都有详尽分析，因为作者是学者，要面面俱到、立论公允、不偏不倚，但我们是交易者，对我们来说，有些策略条件苛刻、先天不足、效果不佳，了解之后大可束之高阁，另一些策略天生有一些优势可以利用，值得我们仔细学习、重点留意。

我们要做的，就是找出那些管用的、好用的、适合自己交易风格的策略，加以反复练习、熟练掌握，练就自己的看家本领，用好自己的"一阳指"。

最后，我想说的是，不要为了交易而交易。跟购买股票一样，不是时时刻刻都有机会以合适的价格买到优质公司的股票的，很多机会是耐心等来的。同样，在期权交易领域，不要时时刻刻都有交易的冲动，很多时候，若交易机会一般，就果断放弃、耐心等待，直到诱人的机会送上门来。在笔者的交易理念中，要尽量寻找风险和收益非对称的交易机会，即能以极低的风险获得极高收益的交易机会。这并不是说我们没有亏损的概率，而是要将这种概率尽可能降低，同时要对这种有限的亏损概率索取巨大的风险补偿。这样的策略从本质上看是低风险的，同时具有获得潜在高收益的可能。这样的交易机会经常需要对公司、行业有比较深入的研究，对公司的真实价值有比较靠谱的估计，对股价下行空间有比较充分的认识，最后才是对各种期权策略的风险收益特征的熟练掌握。芒格说，别人比你富一点有什么关系——这是真正的大智慧。不要担心好机会一去不返，也不要担心别人赚的比自己多。好机会是等来的，不亏钱永远是第一位的。

4.8 期权爆仓风险

练武功，不按章法、急于求成容易走火入魔，轻者武功尽失如鸠摩智，重者神志不清如欧阳锋，他们都不是可以效仿的武林前辈。期权交易虽然不会走火入魔，但确实存在爆仓风险，造成重大损失，本节我们就重点谈谈期权的爆仓风险。

一些不了解期权的朋友，第一次听说期权，大概会有这么几种印象：要么是某人买了期权，因为有巨大的杠杆作用，获得了十分可观的收益，因此觉得期权是个暴利工具；要么是某人交易了期权，尤其是成了期权卖方，因为没能控制好风险，最后爆仓，遭受了极大的损失，因此期权乃衍生品罪恶之渊，最好别碰；或者这两种看法兼而有之，认为期权暴涨暴跌，涨跌靠运气，因此期权是个赌博工具。这些看法都过于片面，任何工具本身都有其特点，只有当使用不当时才会带来特定的风险。就拿基金来说，人们通常认为其风险比较低，但买基金亏钱的人也比比皆是。可见工具本身并不能决定你最终是亏钱还是赚钱，重要的是在了解风险的情况下如何使用。上述的看法虽然片面，但从另一个角度说明，不当使用期权策略确实有可能造成巨大损失。

首先，一个更大的概念是期权的交易损失，这个损失有可能是爆仓后的损失（也就是被券商强制平仓后的损失），也有可能是其他非爆仓引起的损失。通常来说，如果是期权买方（也就是期权多头），是不可能有爆仓风险的，因为期权多头也就是权利仓，是一种权利，持有人可以选择行权也可以选择不行权，不存在被强制平仓（即爆仓）的可能性，因此对于期权多头来说，最大的损失即付出的权利金本身。期权多头是否赚钱，主要取决于策略本身和对标的股票的价格判断。

其次，如果是期权卖方（也就是期权空头），是有可能存在爆仓风险的。因为当交易者卖出期权的时候，实际上是承担了在一段时间内以约定价格买入或卖出股票的义务。当股价向不利于交易者的方向运动时，手中的期权空头仓位就有可能被行权。行权一旦发生，且保证金不能满足券商要求，就会导致券商强制平仓，从而造成重大损失。这是对期权空头仓位爆仓风险的一般性认识。在深入了解期权特性和各种策略后，我们可以看到，有些期权策略组合中虽然有期权的空头仓位，却不会面临爆仓风险。比如我们最常见到的卖出备兑看涨期权策略，是由股票多头与看涨期权空头组合而成的，这里看涨期权空头就是期权空头仓位，但该策略却没有爆仓风险。原因很简单，卖出看涨期权的风险被持有的股票覆盖掉了，一旦行权（即需要在约定价格卖出股票），手中持有的股票正好用于交付，因此这个策略的爆仓风险为零。再比如我们前面介绍过的合成看涨期权空头（股票空头 + 看跌期权空头），这里的看跌期权空头也没有爆仓风险，原因在于即便卖出的看跌期权被行权，要在约定价格买入股票，买入的股票也正好可以用于平仓已经存在的股票空头头寸，卖出看跌期权的风险已经被股票空头头寸的仓位覆盖掉了，因此也就不存在期权的爆仓风险。由此可见，对于很多策略组合来说，空头风险已经被相应的仓位覆盖掉了。大部分期权交易的爆仓风险，实际上来源于裸卖空（naked short），也就是没有任何其他仓位可以对裸卖出期权的风险进行保护，这个时候，从一般意义上说，就存在爆仓风险。

下面我们针对期权空头仓位的爆仓风险做些分析。期权交易的爆仓，大多数在裸卖出看涨期权或裸卖出看跌期权时发生。简单来说，对于裸卖出看涨期权，如果在到期日底层证券价格大幅上涨，超过行权价，交易对手方就会行权，交易所就会自动指派，从而使裸卖出看涨期权的交易者变成股票空头，即以约定价格卖出股票。变成股票空头后，如果股价继续上涨，而保证金不能满足要求，就会触发券商强制平仓，也就是所谓的爆仓，一般都会造成比较大的亏损。裸卖出看跌期权也类似，当到期日底层证券价格大幅下跌并跌破行权价时，卖出看跌期权的交易者就会被对手方行权，从而变成股票多头（以约定价格买入股票），这个时候如果交易者账户中有足够的现金，可以用来支付约定的股票对价，就完全不存在爆仓风险，相当于用自己的钱买入了股票；如果交易者账户中没有足额现金，则需要向券商借入资金来支付买入的股票价格。这个时候现金账户余额就会变成负值，并相当于向券商融资买入股票，如果股价继续大幅下跌，保证金低于最低要求，就有可能触发强制平仓。

在介绍六种基础策略时，我们提到卖出看涨期权策略"难赚钱"，因此在交易实践中也不推荐大家频繁使用；而卖出看跌期权策略"常赚钱"，但要严格按照卖出看跌期权建仓的七步法，审慎选择交易合约（最主要的是行权价、到期日），保持足够的现金余额，以防止被行权导致的现金为负情况的发生。当然，留有足够的现金只是对最坏情况的一种应对方案。如果能严格按照七步法建仓，一般来说被行权的可能性是不大的。这里不得不提科迪尔和格罗斯两人管理的期权交易基金，其在 2018 年 11 月就爆仓了，造成了巨大亏损。爆仓的仓位就来源于卖出看涨期权，看来这个策略"难赚钱"是名不虚传。还记得我们在介绍六种基础策略时提到，这个策略是"作死"型策略吗？即便是业内知名的交易者，只要犯了常识性的错误，亏损甚至爆仓，也都是分分钟的事。需要指出的是，这个策略"难赚钱"，但通常不至于爆仓，所有的爆仓基本上都来源于仓位过重、赌注太大、太过贪心。这也再一次印证了我们说的——仓位决定生死。

如果交易者觉得，与其让这些现金躺在账户里，不如更高效地利用它们，比如买入一些股票或是其他，那么交易者应当明白，这个时候他若选择卖出看跌期权或是卖出看涨期权，其实就是在加杠杆，虽然未必每次卖出的期权都会被行权，但卖出看跌期权的仓位一旦被行权，交易者的现金余额就可能变为负值（即向券商借钱，来履行义务买入股票）。那么究竟该如何选择呢？这主要取决于交易者的交易风格（激进、保守），以及对股价运动方向、运动范围的判断。不过通常来说，有些交易者对暂时性的现金余额负值是可以忍受的，但无论如何，如果现金余额的负值金额超过仓位总市值的 20%，风险就比较大了。事实上，一些专注于期权交易的对冲基金经理，经常通过调节现金余额来控制期权仓位，而他们中一些人的现金余额通常在仓位的 50%~80%。

这里有两点需要特别注意。第一，并非只有到期权在到期日被行权后才会发生爆仓，在期权未到期之前，也有发生强制平仓的可能性。只要股价变动与期权空头仓位的持有者所预期的相反，尤其是大幅度向不利于交易者的方向运动（卖出看涨期权后股价大幅上涨，卖出看跌期权后股价大幅下跌），就会影响保证金余额，当保证金余额不能满足券商最低要求时，交易者就会收到券商要求追加保证金（通常是给账户注资，从而满足保证金需求）的通知（业内称 margin call），而如果不能及时补充保证金，就会触发券商的强制平仓，即爆仓。判断是否会遇到爆仓，主要是看能否满足券商的保证金要求，而并不是期权空头仓位是否被行权。第二，被行权不等于爆仓，只有当被行权且不能满足保证金需求时，才会发生一般意义上的爆仓。这里的关键仍在于是否满足券商的保证金要求。

最后一个问题，究竟需要满足什么样的保证金要求？保证金要求是一个十分复杂的问题。交易者属于不同的居住地（美国、中国内地、中国香港、日本、欧洲等），交易于不同市场（美国市场、中国内地市场、中国香港市场、日本市场、欧洲市场等），交易不同的产品（股票、股票期权、指数期权、期货、期货期权、共同基金、金属、外汇、差价合约等），会面临不同国家和地区证券法规和监管机构的各不相同的保证金要求，各家券商一般也会有自己的保证金要求。此外，保证金分为开仓时的初始保证金（initial margin）和开仓后的维持保证金（maintenance margin），不同的券商还会有不同的保证金检查程序。就拿盈透证券来说，其一般会检查初始保证金、交易实时头寸杠杆、实时维持保证金、实时总头寸杠杆、实时现金杠杆等内容。同时，很多券商会给投资者提供基于规则的 Reg T 保证金账户和基于整体持仓的投资组合保证金账户，前者是根据证券法规相关要求对每一个仓位制定的保证金要求，后者是券商自己制定、针对整体持仓的保证金要求，可以给予交易者更大的便利和更大的杠杆。也正是因为保证金的要求和计算相当复杂，在交易者输入订单时，券商系统一般都会结合上述相关的所有保证金要求和保证金检查程序，自行测算出本次交易的初始保证金影响（margin impact）和维持保证金影响，并提示给交易者，根据这些保证金影响以及保证金账户余额，交易者大体上就可以估算本次交易的开仓风险、保证金余额的可接受水平以及风险区域。因此，虽然保证金的要求和计算十分繁杂，但是目前的券商系统已经做了最大程度的简化，交易者只需要根据自己的交易经验，进行合理判断和使用即可，大可不必自己动手计算交易的保证金影响，事实上也没有人这么做。

4.9 巴菲特的期权交易[○]

国内的朋友对于股神巴菲特已经有了相当充分的了解，无论是他的交易理念、股票持仓还是给股东的信，很多人都已经达到如数家珍的地步，我甚至觉得，中国人在世界范围内来说，可能是对巴菲特介绍最丰富、了解最全面、研究最深入的了。国内衍生品（derivatives）市场的蓬勃发展是近几年的

○ 本节中相关文字引用、数据，来自伯克希尔-哈撒韦（Berkshire Hathaway）公司历年年报及巴菲特历年致股东的信，中文由作者翻译。

事，而巴菲特至少在27年前就涉足过期权交易了，其招法平实、以静制动、大巧若拙，下面让我们一起来领略大师的风采。

一提起衍生品，很多人就想到巴菲特在2002年致股东的信中的经典论述："对于交易双方以及整个经济体系来说，衍生品就是定时炸弹……衍生品像大规模杀伤性武器一样，可能当下隐而不彰，但潜在的致命危险不容小觑。"因此，对于金融衍生品，很多价值投资者总是心生敬畏、敬而远之。但他们不知道的是，就在同一封信的上面几段中，老人家说："事实上，在伯克希尔，我有时候会做一些大手笔的衍生品交易，并以此来协助既定投资策略的达成。"因此，我们要全面、准确地掌握巴菲特的意思，不能断章取义、自我设限。

回顾历年年报，巴菲特的衍生品交易大概始于1993年。他在当年致股东的信中披露，当时可口可乐（KO）的股价在40美元左右，他想在35美元左右买入更多的股票却一时没有机会，因此卖出了当年年底到期的行权价在35美元左右的看跌期权，并收到了750万美元的权利金，这些期权大约对应500万股股票。然而当年，可口可乐的股价自始至终没有到35美元，因此随着到期日临近，这些看跌期权全部失去价值，巴菲特收到的权利金也就全部确认为收入。随后，在1994年，巴菲特又做了原油远期合约（forward contract）⊖，并在1997年的信中进行了第一次披露。1997年末，伯克希尔持有1400万桶原油的远期合约，这是1994、1995年总计4570万桶原油远期合约的一部分，其中3170万桶的合约已经在1995～1997年陆续结算，并贡献了6190万美元的税前利润。剩余这部分合约将在1998年、1999年陆续到期，账面还有1160万美元的未实现收益。这大概是巴菲特做场外期权及衍生品交易的开始。

1998年，伯克希尔收购了通用再保险公司（General Re），后者有一个专门交易金融衍生品的部门，也就是后来的通用再保险证券部（General Re Securities，GRS），主要承担做市商的角色，交易包括利率合约、汇率合约、股票互换合约、期权合约以及结构化产品在内的各种金融衍生品。这是巴菲

⊖ 远期合约，是买卖双方订立的、约定在未来某个时点以约定价格买卖特定资产的合约。与期货合约在清算所的标准化交易不同，远期合约是非标准化合约，并有对手方的履约风险，但可以涵盖多种资产类别。

特大规模接触期权和衍生品的标志性事件。因为在伯克希尔收购通用再保险公司的时候，GRS 共持有 23 218 张衍生品合约，共计 884 个交易对手方，很多交易对手巴菲特连听都没听过。巴菲特后来在 2008 年的信中谈到，他和芒格在收购的时候就不想要这块业务，因为他们知道自己搞不清楚里面的所有风险，因此从 2002 年开始，他们决定将这部分衍生品交易业务逐步关停。实际上他们花了五年多的时间，到 2006 年底，亏了 4 亿多美元，才将绝大部分的衍生品合约处理完毕。所以，老人家实际上对衍生品的复杂程度是有实实在在的真切认知的——毕竟交了 4 亿多美元的学费。在 2006 年的信中，巴菲特第一次披露他亲自上阵卖出并管理了 62 张期权合约，并清楚直白地说明了他交易期权的理由：像股票和债券一样，期权有些时候在很大程度上被错误定价了。（读者可以回忆一下我们第 1 章对期权可能被错误定价的相关描述。）

实际上，巴菲特从 2004 年开始，到 2008 年 3 月，一直都有卖期权。我们从事后的角度看，他老人家当年是一边着手清理 GRS 那些剪不断、理还乱的复杂衍生品合约，一边自己"下海"卖期权，卖得是风生水起、意兴盎然。

他是怎么做的呢？实际上，早在 1997 年的信中（也是老人家第一次在信中提及衍生品），巴菲特说过这么一段话：

> 很明显，我们相信这些另类投资有更大可能会赚钱而非亏钱，但我们也认识到，它们没有提供生意伟大且价格低廉时那种确定性很高的利润——找到这种机会，我们知道我们会赚钱，这只是时间问题。而对于另类投资，我们认为我们能赚钱，但我们也认识到有时候也可能亏钱，甚至亏不少钱。

无论投资工具是什么，巴菲特都在用概率思考问题，只不过没有点明而已。经过清理 GRS 一役，老人家更是对衍生品的特性有了最直观的感受和深入的研究。10 年后，他开始陆续披露自己"下海"卖期权的详细情况。

从 2004 年开始至 2008 年为止，巴菲特主要卖了两类衍生品，第一类是世界主要股指的长期看跌期权，第二类是高收益债券的信用违约互换（credit default swap）。老人家在开始讲他自己的仓位之前，举了一个例子，来说明为什么布莱克-斯科尔斯期权定价模型很可能在长期内是无效的。他说，假定我们卖出标准普尔 500 指数 100 年后的名义价值为 10 亿美元的平值看跌期权（2008 年 12 月 31 日标准普尔 500 指数是 903），通过理论模型得到的权利金是 250 万美元，我们怎么知道这个权利金水平是高估了还是低估了呢？怎么确定 100 年后标准普尔 500 指数比今天的更高还是更低呢？老人家说有两点是比较确定的：第一，假定每年的通货膨胀率是 2%，今天的 1 美元在 100 年后是 14 美分。反过来想，仅仅考虑通货膨胀，100 年后的价格一定比今天高。第二，更重要的是，100 年内企业留存收益的增长，将极大地推高指数，20 世纪道琼斯指数增长了 175 倍，主要就是靠留存收益推动。因此他觉得，即便考虑到所有不利的情况，100 年后标准普尔 500 指数比今天低的概率也不到 1%，同时，如果假定下跌的幅度达到 50%，那么卖出这个看跌期权的预期损失将是 10 亿美元 × 1% × 50% = 500 万美元。他进一步说，如果我们能在卖出期权时就收到权利金 250 万美元，那么在这 100 年间，只要权利金以年化 0.7% 的速度增长，100 年后就能覆盖损失，任何大于 0.7% 的增速，都是我们的纯收益。你是否愿意以 0.7% 的利率向银行借钱，借 100 年？答案是，当然愿意，非常划算。因此，很明显，这个权利金被高估了。老人家还说，布莱克和斯科尔斯两人在发表公式时也知道，长期来看公式可能不成立，但他们的拥趸者选择性地忽视了这一点。

在举例之后，巴菲特讲述了自己是怎么卖期权的。在 4 年多的时间里，他在美国标准普尔 500 指数、日本日经 225 指数、英国富时 100 指数、欧洲斯托克 50 指数上一共卖出了名义价值为 371 亿美元的指数看跌期权，总计收到权利金 49 亿美元。他卖出这些期权的要点如下：

1. 选择宽基指数。四个指数基本上代表了世界上的发达经济体，卖出看跌期权实际上就是赌世界经济长期向上。老人家的参考指标简单、粗暴，也很直观，一是通货膨胀，二是留存收益。此外，股市承载着全人类的聪明、才智、创新、勤奋，汇集了无数人的光荣与梦想，怎么能够不长期向上？

2. 期权的到期时间极长。这些指数看跌期权合约的行权时间为 15～20 年。也就是 2004 年卖出，行权日最早在 2019 年，最晚在 2027 年左右。肯·费雪（Ken Fisher）做过一个统计，第二次世界大战后的平均熊市时间是 16 个月，也就是差不多一年半的时间，15～20 年的时间，对美国来说，基本上相当于两三个经济周期，即便出现熊市，也完全不必担心，因为时间足够长，市场可以恢复并实现增长。

3. 期权为欧式期权。所有这些股指期权都是欧式期权，即在到期日前是不能行权的，不存在提前行权的风险。换句话说，巴菲特对权利金的使用在时间上是锁定的，这和他老人家用保险公司的浮存金投资何其相似。从 1965 年到 2004 年的 40 年间，伯克希尔账面价值以年化 21.9%的速度在增长，如果假定这个增长率不变，那么未来 15～20 年，这笔 250 万美元的权利金将会增长 1950%～5249%，达到 4875 万美元至 1.31 亿美元左右！相当于又开了一家风险极低、持续赚钱的保险公司。

4. 无对手方风险。所有的权利金都是一次性前端收取，不存在对手方风险。老人家在年报中多次强调这一点：这笔钱我们在前端就已经收到啦，我们是没有对手方风险的啦。但是反过来，交易对手是否有对手方风险呢？这就是保证金问题。

5. 大多数合约无保证金要求。为什么没有保证金要求呢？无论是场外还是场内的期权交易，通常都有保证金要求，为什么这些场外交易对巴菲特会没有保证金要求呢？我们虚构了一下当时的对话情景：

对手方：你需要缴纳保证金。
巴菲特：保证金是担心对手方违约的情况下才缴纳的，我不会违约。
对手方：你为什么不会违约？
巴菲特：因为我是巴菲特。
对手方：因为你是巴菲特你就不会违约？

巴菲特：是的，因为我的公司长期盈利，公司资产负债表强劲，而且我有世界级的声誉，因此我不会违约。

对手方：……

巴菲特：还有，我是个诚实的人，我说不会违约就不会违约。

对手方：好吧。

这些合约因为都是场外期权，具体内容在年报中没有披露，上述要点是从披露的内容中整理出来的。我们可以看到，这些期权合约的条件真的是太优惠了，优惠到我甚至一度以为交易对手方要不是出现重大失误，怎么也不会签署这样大概率明显赔钱的合约。对手方可能有一万个理由来买这个"保险"，但无论如何，卖期权的和买期权的，从思维方式看，真真正正是两种生物。还有一点大家需要注意，老人家的衍生品交易（包括早期的原油远期合约和这里的股指期权交易）都不是套期保值，而是赌单边涨跌。这和他强调集中化投资、分散化是保护无知的说法有神似之处，都是在追求大概率的确定性交易，而不是什么所谓的安全、对冲和保护。正如他在信中反复说的一样，投资和投机，无所谓对错，但你一定要知道自己在干什么。

不得不说，巴菲特建构的这个卖出看跌期权仓位具有相当大的胜率。我们来看看他卖完期权后真实的市场情况，图 4-51 所示是四个指数统一到 2004 年初的走势对比图。老人家于 2008 年 3 月左右卖完最后一笔期权，半年后就遇到了百年不遇的金融危机，七八个月的时间里，标准普尔 500 指数下跌了 50%左右，我想他老人家当时内心一定很崩溃，第一次大手笔卖期权就出师不利，前几年几乎是掉坑里了，他一定在心里念过很多遍：怎么这么倒霉！

大家从表 4-13 中可以看到，2008 年市场的大幅下跌，虽然让巴菲特当年浮亏了不少，并且持续五年浮亏，但由于这些期权的条件实在太过优惠，交易的逻辑极为正确且牢固可靠，时间站在他这边，他最终还是赚了不少钱。

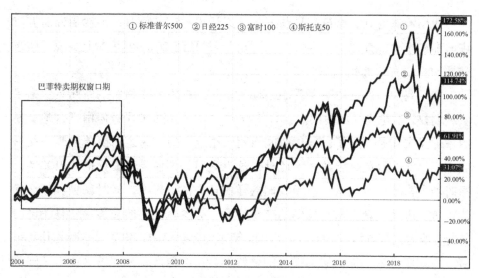

图 4-51　巴菲特卖期权时间窗口与市场走势

表 4-13　巴菲特期权交易的收益状况　　（10 亿美元）

收益状况	2008	2009	2010	2011	2012	2013	2014	2015	2016	2017	2018
内在价值	10.8	4.6	3.8	6.2	3.9	1.7	1.4	1.1	1	0.79	1.65
公允价值	10.02	7.31	6.71	8.5	7.5	4.67	4.56	3.55	2.89	2.17	2.45
权利金	4.9	—	—	—	—	—	—	—	—	—	—
已实现损益	—	—	0.22	—	—	—	—	—	—	—	0.14
未实现损益	−5.03	2.71	0.17	−1.79	1	2.84	0.11	1.01	0.66	0.72	−0.3
累计损益	−5.03	−2.32	−1.93	−3.72	−2.72	0.12	0.23	1.24	1.9	2.62	2.46

其中，内在价值是假定期权合约在未来到期日按照报告当期指数价格结算后未折现的价值；公允价值（fair value）是期权合约在报告当期时点的价值，也就是按照布莱克-斯科尔斯期权定价模型计算出的理论价格，是财报上的一笔负债；权利金是卖出期权时收到的现金，财报上记为一笔资产；已实现损益（realized gain/loss）是当期期权合约平仓后实现的损益；未实现损益（unrealized gain/loss）是按照会计准则记录的当期期权合约的价值变动，是财报上的一笔损益；累计损益（cumulative gain/loss）是期权合约的累计损益，包含已实现部分和未实现部分。2018 年的已实现金额为基于披露内容的估算

值。我们可以看到，这笔交易前五年的累计损益都是负值，也就是说前五年账面都在浮亏，直到 2013 年才开始盈利，并且到 2018 年基本上实现了整笔交易 50%左右的盈利。

如果我们以后见之明来看，巴菲特几乎是在 20 年中最差的时间点卖出了看跌期权，这笔交易的时间点选择（timing）实在是太差了，但由于这笔交易的条件又实在是太好了，虽然时间点运气很差，但交易逻辑简单可靠、交易胜率足够高，因此最终盈利。此外，这也说明，即使是天资颖悟如巴菲特，择时功夫都不一定靠谱，对于我们这样的凡夫俗子来说，择时就更没什么优势可言，因此，建立基于规则的交易体系，寻找高胜率的交易，才是正确的选择。他老人家本该在 2008 年、2009 年继续卖期权的，甚至在随后的几年里可以一直卖下去，都会遇到极好的赚钱机会，但他没有，大概是伤心了吧。这给我们两点启示：第一，正如我在介绍卖出看跌期权策略七步法时所说，卖看跌期权要在优质标的价格回调时卖，胜率更高；第二，人生中的第一次经历如何，真的是太重要了。2008 年金融危机，老人家一反常态，谈的几笔大生意（高盛、美国银行）都是优先股加看涨期权，因为他坚信，危机会过去，这些优质公司的股价终究会上涨，这时拿到一个低风险的、上涨空间为开放式的看涨期权，无疑是更好的选择。

卖期权能赚钱，能赚大钱，你信吗？反正我信了。巴菲特至少十几年前就这么干了，不仅卖了期权，而且卖得还很有方法。15 年过去了，现在上车，也为时未晚。

第 5 章　期权交易的进阶

前面几章分别介绍了期权的基本概念、盈利要点和交易策略，本章是期权交易的进阶，主要有三部分内容：期权波动率的相关介绍、中国市场 ETF 及其期权相关介绍，以及常用的交易参考指标的相关介绍。期权波动率的相关解释部分，是每一个期权交易者都应该知晓的重要内容，而隐含波动率交易、已实现波动率交易的内容略微有些艰深，初次接触者一时间难以掌握也没关系。要知道，这些策略需要实时盯盘、监控头寸，除非是金融宽客、大型机构的专业交易者，否则看懂了也未必会使用，而且即便是专业交易者使用了也未必都能赚钱。不使用这些交易方法，仍然可以成为出色的交易者。因此，这里我们只做概括性的介绍。

5.1　期权波动率的相关解释

波动率的相关概念、解释，对期权来说具有十分重要的意义，但考虑到本书既要让大家充分了解相关内容，又不至于过于深奥难懂，详略之间，颇费思量。下面将要介绍的内容，尽量会通俗易懂，达到期权交易者需要掌握的程度，点到即止。

随机漫步与正态分布

现代证券投资学的一个基本假设是，股价的波动是随机发生的，也就是说股价的每日涨跌符合随机漫步的特征，是一个随机事件。正态分布曲线（normal distribution curve）是用来描述随机事件结果的一种方式，如果我们认为股价短期内是随机上下波动的，那么这个波动就符合正态分布，故而我们可以用正态分布的相关特性来描述股价。如果我们知道了股价未来的分布概率，那么股票未来价格（future value）应该是多少呢？

期望价格与远期价格

期望价格或期望值（expected value）是统计学上的一个概念，指各种情景对应的概率与各种情景对应的值的乘积之和。举个例子，假设我们知道某股票现在价格是 200 美元，两个月后，该股票涨到 240 美元的概率为 70%，跌到 140 美元的概率为 30%，那么这只股票两个月后的期望价格为：

$$240 \times 70\% + 140 \times 30\% = 210（美元）$$

换句话说，如果我们现在以 200 美元买入这只股票，两个月后该股票的预期收益就是 10 美元。

如果假定两个月后的股价为 190 美元、200 美元、210 美元、220 美元、230 美元的概率都为 20%，那么两个月后股票的期望价格为：

$$190 \times 20\% + 200 \times 20\% + 210 \times 20\% + 220 \times 20\% + 230 \times 20\% = 210（美元）$$

同样，对于期权来说，也可以按照同样的方法确定期权的期望价格。在前面我们介绍过期权的盈亏图，这里我们以看涨期权的盈亏图（见图 5-1）为例。曲线是现在的期权价值线，随着时间的推移，曲线逐渐向折线靠拢，到到期日时，就成为折线。因此，在到期日，如果我们知道了股价在折线上的分布概率，我们就可以求得期权的期望价格。

假定在到期日，股价在 95、97.5、100、102.5、105 的概率分别为 20%，那么这个看涨期权的期望价值就为：

$$0 \times 20\% + 0 \times 20\% + 0 \times 20\% + 5.5 \times 20\% + 8 \times 20\% = 2.7$$

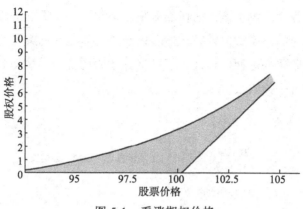

图 5-1　看涨期权价格

现在的问题是，相对于股票的即期价格（spot price）来说，我们并不知道在到期日时，股价的远期价格（forward price）会在什么位置。金融学家们认为，可以假定股票市场具有充分的流动性和能够立即获取的信息，因此可以认为是不存在套利机会的（arbitrage-free）。在这种情况下，远期价格实际上就等于期望价格。如果远期价格不等于期望价格，那么就存在套利机会，套利者会通过套利行为使这两者趋于相等。但是，即便如此，远期价格仍然面临挑战，因为上述例子中的期望价格是我们假定存在 5 种情况，并按其相应的分布概率计算出来的结果。在现实当中，可能存在无数种价格可能，以及对应的分布概率。要计算无数种价格可能和其分布概率的乘积之和，显然并非易事。不过这一点已经由统计学家完成，可以不必担心。此外，按照上述方法计算出来的期权价格实际上是期权的远期价格，将其按照一定利率折现，我们就可以得到期权的即期价格，也就是期权定价模型里面的理论价值（theoretical value）。

我们可以对上述关系进行总结（见图 5-2）。

事实上，期权定价模型就是利用上述关系建立起来的。

均值与标准差

均值（mean）与标准差（standard deviation）是统计学概念，均值是反应一组数据集中程度的测度值,而标准差则用来测量一组数据的离散程度。在期权领域,重要的不是如何计算均值和标准差,而是如何解释它们。通常来说,我们认为股票的远期价格代表了股价分布的均值,而波动率就是标准差在期权领域的另一种叫法。

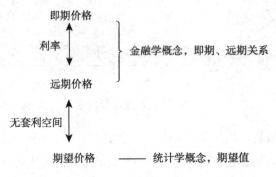

图 5-2　期权期望价格、远期价格、即期价格关系

在统计学中,标准差,一般用希腊字母 σ 来表示,英文写作 sigma,是衡量数值偏离均值的一个统计特征值。在期权领域,通常将标准差换了个名词,称为波动率,以波动率来表明股价的波动性,亦即股价偏离均值的离散程度。在期权市场上,我们几乎时时刻刻都在和股票的波动率打交道,如果某只股票的波动率是 18%,它的含义是这只股票价格分布的年化标准差为 18%,反之亦然。假设这只股票的现价为 100 美元,那么一年后,这只股票的价格就在 100 美元正负 1 个 σ 的范围内波动,即在 82 美元至 118 美元之间（100±100×18%）。换句话说,如果我们知道了一只股票的波动率,我们就可以知道当前这个波动率所暗示的、一年后股价的波动范围。这一点对于交易者来说十分重要,因为正态分布标准差的分布概率已经被统计学家总结出来了,因此,如果知道了股票的波动率,我们实际上就知道了当前波动率所暗示的股价未来的分布概率。在上述例子里,由于正负 1 个 σ 对应的分布概率为 68.3%,因此一年后股价在 82～118 美元的分布概率即为 68.3%。此外,标准差的另一个重要特性就是其可加性。对于正态分布来说,我们需要对标准差对应的分布概率相当熟悉（见图 5-3）:

±1 个 σ，涵盖 68.3%的范围，大约是 2/3 的分布概率；

±2 个 σ，涵盖 95.4%的范围，大约是 19/20 的分布概率；

±3 个 σ，涵盖 99.7%的范围，大约是 369/370 的分布概率。

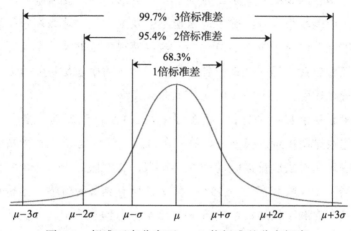

图 5-3　标准正态分布下 1～3 倍标准差分布概率

再举一个例子。假定我们知道当前的股价为 220 美元，其波动率为 20%，那么我们就可以知道，其 1 倍标准差的范围为 220 × 20% = 44。就目前的隐含波动率而言，一年后，其股价在 1 倍标准差范围内（200 ± 44 × 1）的概率为 68.3%，在 2 倍标准差范围内（200 ± 44 × 2）的概率为 95.4%，在 3 倍标准差范围内（200 ± 44 × 3）的概率为 99.7%。

实际上，根据波动率所表达的信息，我们可以对未来股价的波动范围及概率进行预估。这种预估是波动率本身所具有的数学含义，代表了当下市场通过期权报价对未来股价波动幅度的一种判断，它并不一定代表股价未来的实际波动率。

隐含波动率与已实现波动率

交易者在刚接触期权的时候，通常接触到的是隐含波动率，但实际上交易者会面临多个波动率。

根据期权定价模型，我们知道，如果给定了：①股票即期价格；②期权的行权价；③期权的到期时间；④股票的波动率；⑤当下无风险利率，我们就能求得期权合约的理论价值。在这五个变量当中，股票的即期价格、期权的行权价、期权的到期时间是比较确定且不变的；当下无风险利率相对来说最不重要且影响较小，一经确定通常也不会发生变化。那么期权的理论价值在很大程度上就取决于股票的波动率。这也使得股票的波动率实际上处于期权定价的核心位置。但问题是，什么样的股票波动率才是对股价未来一段时间内的准确描述呢？这个问题可能并不那么容易回答。

我们来看一个实际的例子。拼多多（PDD）股票的即期价格为 34.38 美元，我们想通过期权定价模型，计算一个月后行权价为 34.5 美元的看涨期权的价格。拼多多过去股价的波动率为 47.2%，我们假定未来一个月波动率维持不变，当下无风险利率为 1.75%。将上述所有相关变量输入定价模型，我们得出，这个看涨期权的价格应该是 1.72 美元。但事实上，我们看到市场上给出这个期权的定价是 1.87 美元，并在按照这个价格成交。这一定是因为哪里出了问题，才会导致这两个值不相等。如果将输入模型的波动率上调，我们会发现，当输入 51.2%时，模型计算出的看涨期权价格恰恰是 1.87 美元。像这样，以市场当下的期权价格，反推出来的波动率 51.2%，就是**隐含波动率**。换句话说，隐含波动率是隐含在期权定价模型当中，以当下的期权价格反推出来的一个结果，它直接跟当下的期权价格相关。而上述例子当中的过去的波动率 47.2%，则是股价的**已实现波动率**。已实现波动率直接与股价（而非期权价格）相关，是股票在一年时间里每日价格变化的年化标准差，也就是说，已实现波动率是对股价过去波动情况的一种描述。此外，已实现波动率除了可以按照每日价格进行计算外，也可以是每周或每月。实证研究表明，时间间隔不同，波动率会略有差别，但总体趋势不变。

已实现波动率又有历史已实现波动率（historical realized volatility）和未来已实现波动率（future realized volatility）之别。历史已实现波动率通常称为历史波动率，是过去一段时间内股价波动的年化标准差，是对过去价格变化的一种统计描述。未来已实现波动率则是对股价在未来实际波动情况的一种预估。在上述例子中，无论是我们一开始输入的历史已实现波动率47.2%，还是后来按照市场价格计算出来的隐含波动率51.2%，实际上都代表了对未来已实现波动率的某种预估。作为交易者，我们真正想知道的是未来已实现波动率。事实上，未来已实现波动率才真正决定了期权的价值，而隐含波动率反映出的是当下期权市场对未来波动率的一种预估。一旦我们比较正确地预估了未来已实现波动率，我们就可以判断当下的隐含波动率是高估了还是低估了，即期权价格是高估了还是低估了，从而做出相应的交易决策。

此外，一般在谈论隐含波动率的时候，我们指的都是隐含波动率的年化表达。如果要计算比如一天、一周、两周、三周、一个月后的股价波动范围，就需要将年化隐含波动率进行相应的调整。事实上隐含波动率与时间的平方根成反比，因此，如果要换算某一个时段的隐含波动率，只需用年化隐含波动率除以这个时段的平方根即可得到。具体来说，如果要计算每日的波动率，理论上应该使用$\sqrt{365}$来表示一年时段的平方根，但实际上并不是一年当中的每天都在交易，因此交易圈通常用$\sqrt{256}$来表示，这个数值约为16，因此$V_{daily}=\frac{V_{annual}}{16}$。同理，由于一年当中有52个单周，26个双周，17.3个三周，12个月，因此有：

$$V_{weekly}=\frac{V_{annual}}{\sqrt{52}}=\frac{V_{annual}}{7.2}$$

$$V_{two\ weeks}=\frac{V_{annual}}{\sqrt{26}}=\frac{V_{annual}}{5.1}$$

$$V_{three\ weeks}=\frac{V_{annual}}{\sqrt{17.3}}=\frac{V_{annual}}{4.2}$$

$$V_{monthly}=\frac{V_{annual}}{\sqrt{12}}=\frac{V_{annual}}{3.5}$$

通过这几个公式，我们实际上可以将年化隐含波动率转化为我们比较关心、比较常用的特定时段的波动率。按照上述例子，年化隐含波动率为18%，每日的波动率为18%/16 = 1.13%，每周的波动率为18%/7.2 = 2.5%，每双周的波动率为 18%/5.1 = 3.53%，每三周的波动率为 18%/4.2 = 4.29%，每个月的波动率为 18%/3.5 = 5.14%。这实际上是将年化标准差转换为每日、每周、每双周、每三周、每月的标准差。据此我们可以计算每日、每周、每双周、每三周、每月的股价波动范围及相应概率。这是隐含波动率带给我们最重要的信息之一，我们可以据此以及自己可接受的风险水平，来构建相应的期权策略。换句话说，如果你要交易两周后到期的期权，那么你首先应该换算一下两周后的波动率是多少，至少对自己交易的胜率有一个大体了解。

所谓可接受的风险水平，就是与隐含波动率所暗示的波动范围和概率相比，自己愿意承担的风险。仍以上述例子为例，假设目前股价为 200 美元，年化隐含波动率为 18%，那么相应的月度波动率为 5.14%，1 倍月度标准差的值为 200 × 5.14% = 10.28，则一个月后股价在 1 倍标准差（200 ± 10.28），即 189.72～210.28 美元之间的概率为 68.3%；股价在 2 倍标准差（200 ± 10.28 × 2），即 179.44～220.56 美元之间的概率为 95.4%；股价在 3 倍标准差（200 ± 10.28 × 3），即 169.16～230.84 美元之间的概率为 99.7%。如果我们要卖出一个月后到期的看跌期权（卖出看涨期权也同理），并且基于目前市场给出的隐含波动率，要求达到 90%以上的胜率，那么通过查阅概率分布表，我们知道 1.28σ 大约对应了 80%的分布概率，剩余 20%的分布概率分别对应 1.28σ 上下两侧之外，即上行和下行分别对应 10%。对于卖出看跌期权来说，我们仅关心下行风险，所以下行 10%概率之外的 90%分布都能满足我们的要求。因此，1.28σ 对应的股价波动范围为 13.16 美元（200 × 5.14% × 1.28），下行风险的 −1.28σ 对应的股价为 186.84 美元。这个时候，如果要卖出看跌期权且满足 90%的胜率要求，那么就应该选择价格在 186.84 美元或之下的期权合约。这就是将隐含波动率与我们可接受的风险水平结合起来的一个实例。需要指出的是，在我们交易前，可接受的风险水平是我们根据当下市场给出的隐含波动率选定的，但市场未必会按照我们预想的方向和幅度变动，因此，即便我们要求达到 90%以上的胜率，这笔交易在最后也未必能获利。10%的概率虽然小，但并非不可能。我们在交易前考虑的主要是隐含波动率，一旦建立仓位，影响我们的主要是已实现波动率。

标准正态分布的概率分布表

因为我们倡导的是高胜率的期权交易，下面列出了常见标准差及对应的分布概率（见表5-1），大家在交易时，可以根据需要，选择自己需要的"胜率"。

比如，无论一名交易者是卖出看跌期权还是卖出看涨期权，这种单边交易都需要一个85%的胜率，那么他至少应该选择1.04σ。

表 5-1 标准正态分布标准差及对应概率简表 （%）

标准差	中心区域分布概率	边缘区域分布概率	
		单边概率	双边合计
0.67σ	50	25	50
0.84σ	60	20	40
1σ	68.3	15.9	31.7
1.04σ	70	15	30
1.28σ	80	10	20
1.64σ	90	5	10
2σ	95.4	2.3	4.6
3σ	99.7	0.15	0.3

5.2 交易隐含波动率

我们在前面介绍过，Delta 实际上代表了期权的方向性风险，当一个头寸的 Delta 值为 0 的时候，我们说这个头寸是 **Delta 中性**的。Delta 中性的含义是，整个头寸的价值与股价的变动无关。正是基于这种特性，我们可以建构基于 Delta 中性的各种策略，使我们不受股票涨跌的影响，而专注于从波动率的变化中获利。这是期权交易和股票交易非常显著的不同点。

Delta 中性策略，并非特指某一种策略，而是指交易者对方向性风险并不关心。我们并没有对股票的方向性表达某种偏好，而是对波动率表达了我们的某种观点。换句话说，我们并没有交易"方向"，我们在交易"波动率"。建立 Delta 中性策略的真正目的，就是通过 Delta 中性的手段，来建立波动率的某种头寸，这既可以是隐含波动率，也可以是已实现波动率。

在介绍期权的希腊值时，我们知道，Vega 实际上代表了交易者对隐含波动率的某种预期，Vega 头寸实际上表明交易者期待隐含波动率发生变化；而 Gamma 实际上代表了交易者对已实现波动率的某种预期，Gamma 头寸实际上表明交易者期待已实现波动率发生某种变化。交易隐含波动率和已实现波动率，实际上就是期望在 Vega 和 Gamma 的变化上获利。本节我们先讨论隐含波动率的交易。

在开始讨论隐含波动率的相关交易之前，我们首先要明白波动率的几个特性。第一个特性是波动率在一定范围内进行波动。股票的价格可以处在长期上涨的通道中，但股票的波动率却基本稳定在一定区间。有时市场情绪亢奋，波动率高企，另一些时候市场相对平静，波动率持续走低。股票的价格可以涨到天上去（背后是公司市值的不断增加），而波动率则在一个区间内相对稳定。第二个特性建立在第一点之上，如果波动率在一个区间内相对稳定，那么当波动率处于这个区间的两端时，就存在均值回归的特性。

在隐含波动率高企的时候，我们可以卖出波动率（volatility selling），在隐含波动率走低的时候，我们可以买入波动率（volatility buying）。随着隐含波动率的均值回归，我们可以从波动率的变化上获利。

我们来看一个实例。假定一名交易者仔细研究了阿里巴巴过去一年的隐含波动率走势，他发现，每次在季报前，隐含波动率都会升高，随着季报的公布，隐含波动率快速回落。三天后，阿里巴巴将公布新一季季报，目前隐含波动率已经升至高位（约 34.8%），他觉得建立一个 Delta 中性的卖出隐含波动率的头寸，应该是一个不错的选择。

阿里巴巴当下股价为 215 美元，该交易者建立了如下头寸：

卖出 5 张一个月后到期的 215 美元的看涨期权，合约报价 5.7 美元，即每张 570 美元；

买入 200 股股票，每股 215 美元。

这个头寸的希腊值情况见表 5-2。

表 5-2　阿里巴巴做空隐含波动率组合头寸的希腊值

希腊值	单张合约	整体头寸
Delta	−0.456	−0.28
Gamma	−0.019	−0.095
Theta	0.159	0.795
Vega	−0.233	−1.165

我们可以看到，单张看涨期权的 Delta 为−0.456，卖出 5 张合约，则 Delta 为−2.28；我们买入 200 股标的股票，则整体头寸 Delta 为−0.28，接近 0，可以近似认为 Delta 中性。这个头寸如何盈利呢？首先，我们卖出期权，相当于持有负 Gamma 头寸、正 Theta 头寸，每天可以收获时间价值的衰减。具体来说，5 张合约的 Theta 为 0.795，即按照建构这比交易的当日情况来说，每天可以收获 0.795 × 100 = 79.5（美元）的时间价值衰减。此外，更重要的是，我们在隐含波动率高企时卖出期权，当隐含波动率下降时，我们可以在 Vega 上取得收益。具体来说，隐含波动率每下降 1%，可以收获 1.165 × 100 = 116.5（美元）的收益。那么这个头寸的风险在哪里？通常来说，卖出期权的主要风险在于负 Gamma，不过目前来看，这个值比较小，因此风险有限。

三天后（2 月 13 日），季报公布。阿里盘中跌了 1.45%，股价为 221.1 美元，卖出期权的隐含波动率已经回落至 30.2%，交易者决定立即平仓。于是，交易者以 221.1 美元的价格卖出 200 股股票，以 7.3 美元的价格买回 5 张看涨期权合约。整个头寸的盈利如下。

股票：(221.1 − 215) × 200 = 1220（美元）

看涨期权：(5.7 − 7.3) × 500 = − 800（美元）

头寸净收益：1220 − 800 = 420（美元）

如果我们盈利构成拆解为希腊值，会更为直观。

Delta：	$-0.28 \times 6.1 = -1.71$
Gamma：	$(-0.095) \times 6.1 \times 6.1 \div 2 = -1.77$
Theta：	$0.795 \times 3 = 2.39$
Vega：	$1.165 \times 4.6 = 5.36$
总收益：	4.27（或 427 美元）

具体来说，整个头寸的初始 Delta 为-0.28，截至平仓，股票上涨了 6.1 美元，整体头寸对应的 Delta 收益即为-1.71。初始 Gamma 为-0.095，为了简化计算，我们假定在这三天内 Gamma 是恒定不变的，(-0.095)×6.1 表明股价在 221.1 美元时整个头寸额外增加的 Delta，再乘以 6.1 则表明额外增加的 Delta 带来的收益，但额外增加的 Delta 其实是在股价从 215 美元涨至 221.1 美元的过程中形成的，因此除以 2，求得近似平均值。初始 Theta 为 0.795，从建仓到平仓总共三天时间，这三天收获的时间价值为 2.39。最后，由于隐含波动率下降了 4.6 个百分点，带来 5.36 的收益。通过我们的计算，整个头寸大概盈利了 4.27（或 427 美元），这和实际值 420 美元略有差距，这是因为我们在计算过程中使用了一些近似值。不过希腊值的分析更能说明问题，从上述计算中我们可以看到，交易者的假设基本正确，其主要盈利构成是由隐含波动率下降带来的，以及这三天时间价值的衰减；其主要成本则是卖出波动率后的负 Delta 以及负 Gamma，是股价变动带来的损失。对于整个头寸来说，哪一部分盈利、哪一部分亏损都无所谓，交易者只关心整个头寸的净收益。

同样的例子，如果另一名交易者认为，在剩余到期的三天里，隐含波动率会继续升高，做多隐含波动率是个不错的选择，那么他也可以建构基于 Delta 中性的做多隐含波动率的策略。

他可能会这样构建这个策略：

以 5.7 美元的价格买入 5 张一个月后到期、行权价为 215 美元的看涨期权合约；

卖出 200 股股票，每股 215 美元。

这个头寸的希腊值情况见表 5-3。

表 5-3 阿里巴巴做多隐含波动率组合头寸的希腊值

希腊值	单张合约	整体头寸
Delta	0.456	0.28
Gamma	0.019	0.095
Theta	−0.159	−0.795
Vega	0.233	1.165

通过卖出 200 股股票，整体头寸的 Delta 为 0.28，可以近似认为 Delta 中性。这个头寸的交易假设是，期望隐含波动率在未来三天继续升高，并在季报公布前（即隐含波动率大幅回落前）平仓所有头寸。因此，这里主要是寄希望于隐含波动率的大幅升高，并从 Vega 上获利。隐含波动率每上升 1%，即可从 Vega 上获得 $1.165 \times 100 = 116.5$（美元）的收益，同时，如果股价大幅、迅速地变化，还可以从正 Gamma 上获益。那么这个策略的主要风险是什么呢？毫无疑问是 Theta。这个头寸每天带来的时间价值衰减是 $0.795 \times 100 = 79.5$（美元）。如果未来三天隐含波动率的上升及股价变动幅度不那么大，那么隐含波动率上升带来的收益可能就难以覆盖时间价值流逝带来的损失。

两天后，股价持续上升至 225 美元，隐含波动率随之上升至 37.3%。这时，交易者认为他的目的已经基本达到，于是选择在收盘前开始平仓（第三天开盘前将发布季报）。他在 225 美元买回 200 股股票，并以 11.5 美元卖出持有的 5 张看涨期权合约。他的整个头寸盈利如下：

股票：$(215 - 225) \times 200 = -2000$（美元）

看涨期权：$(11.5 - 5.7) \times 100 \times 5 = 2900$（美元）

净收益：$2900 - 2000 = 900$（美元）

事实上，如果我们从希腊值上分析，就能更清晰地看出这 900 美元是如何盈利的。

Delta：	$0.28 \times 10 =$	2.8
Gamma：	$0.095 \times 10 \times 10 \div 2 =$	4.75
Theta：	$(-0.795) \times 2 =$	-1.59
Vega：	$1.165 \times 2.5 =$	2.91
总收益：		8.87（或 887 美元）

具体来说，整个头寸的初始 Delta 为 0.28，截至平仓，股票上涨了 10 美元，对应的 Delta 收益为 2.8。初始 Gamma 为 0.095，同样假定在这两天内 Gamma 是恒定不变的，0.095×10 表明股价在 225 美元时额外增加的 Delta，再乘以 10 则表明额外增加的 Delta 带来的收益，之后除以 2，求得近似平均值。初始 Theta 为 –0.795，从建仓到平仓两天损失的时间价值为 –1.59。最后，由于隐含波动率上升了 2.5 个百分点，带来 2.91 的收益。通过我们的计算，整个头寸大概盈利了 8.87（或 887 美元）。

事实上，如果我们分析这个盈利组成，就可以看到，虽然交易者最终赚了钱，但和他最初设想的有差距。他买入隐含波动率，确实通过隐含波动率的上升赚了钱，但主要盈利部分是 Gamma 带来的。为什么呢？两天内，股价从 215 美元上涨至 225 美元，接近 5% 的涨幅，带动了隐含波动率和已实现波动率的共同上升。虽然初始 Gamma 是很小的一个正值，但是股价的大幅上涨，却使 Gamma 贡献了大部分收益。我们在下一节会看到，Delta 中性下依靠 Gamma 多头头寸获利，实际上属于做多已实现波动率的策略。换句话说，这笔交易虽然最初以做多隐含波动率建仓，最后的收益却是隐含波动率和已实现波动率共同上升带来的，属于无心插柳柳成荫。

通过上面的例子我们可以看到，Delta 中性策略中的隐含波动率交易，其实就是通过 Delta 中性的手段（可以是买卖股票，也可以是添加其他期权头寸），将股价的方向性变化与头寸价值暂时隔离开，专注于隐含波动率的变化而获利，也就是通过 Vega 值的涨跌获利。同时，根据卖出波动率或买入波动率的不同，Gamma 和 Theta 承担了额外成本或收益的角色。

5.3 交易已实现波动率

上一节我们分析了交易隐含波动率的实例——建立 Delta 中性头寸，在开仓后等待隐含波动率的上升或下降，以期从 Vega 上获得收益。但事实上，有相当多关于已实现波动率的交易都需要进行日内动态对冲，以使头寸保持在 Delta 中性或近似中性的位置。

回忆一下，我们前面说过，已实现波动率其实是股价每日变化的年化标准差。买入已实现波动率，实际上就是希望股价有更大幅度的运动，使已实现波动率上升，从而盈利；卖出已实现波动率，实际上是希望股价有更小幅度的运动，使已实现波动率下降，从而盈利。我们之所以建立 Delta 中性头寸，是希望只从已实现波动率的涨跌上获利，而将股价方向性运动的影响暂时隔离。

买入已实现波动率并进行动态对冲的方法叫 Gamma 转手倒卖（Gamma scalping）。设想一下，一名交易者建立了 Delta 中性头寸，并买入已实现波动率（买入期权），这个时候他拥有正 Gamma 头寸，当股价上涨时，整个头寸的 Delta 会增加得更快，从而实现更大的头寸收益；当股价下跌时，整个头寸的 Delta 会减小得更快，Delta 上涨带来的收益也会迅速减小。假设股价上升，整个头寸的 Delta 从中性变为正 Delta，为了锁定 Delta 上涨带来的收益，交易者可以通过卖出相应数量的股票，使 Delta 恢复中性。在卖出股票后，如果股价下跌，那么虽然 Delta 上涨带来的收益会迅速回落，但由于交易者卖出了一定数量的股票，头寸收益的回落实际上被股票的空头仓位抵消了一部分。如果股价继续回落，头寸的 Delta 将变为负值，这个时候的股票空头仓位就是盈利的，为了锁定这部分盈利，交易者这时可以通过买入股票，使整个头寸的 Delta 重新调整为中性，并在股票头寸上实现收益。这个过程实际上就是股票倒卖（Stock scalping）。对于持有正 Gamma 头寸的交易者来说，当股价升高时，卖出股票，当股价回落时，买入股票。在整个过程中，我们通过买卖股票来调整整个头寸的 Delta，但事实上，正 Gamma 才是整个交易中的盈利来源，我们实际上是在交易 Gamma。在第 2 章介绍期权的希腊值时，我们说

Gamma 表明我们想要一个什么样的已实现波动率，而正 Gamma 头寸则表明我们希望市场大幅、快速地变动，即上升的已实现波动率。这和我们在这里的交易逻辑是一致的，大家可以前后印证，加深理解。

我们还是来看一个 Gamma 转手倒卖的具体例子。

假设一名交易者研究了中国平安（02318）的隐含波动率和已实现波动率的走势，他发现两天后，中国平安将公布季报，目前隐含波动率已经逐步升高至 24.5%，而已实现波动率已升高至 26%。他认为在季报公布后，隐含波动率将迅速回落，而已实现波动率将继续升高，这个时候建立一个 Delta 中性的做多已实现波动率的头寸，是有利可图的。于是他建立了如下头寸：

以 2.81 港元的单价，买入 40 天后到期、行权价为 90 港元的看涨期权合约 10 张；

以 90.7 港元的价格卖出 2500 股股票。

这个头寸的希腊值情况见表 5-4。

表 5-4　中国平安做多已实现波动率组合头寸的希腊值

希腊值	单张合约	整体头寸
Delta	0.543	0.43
Gamma	0.095	0.95
Theta	−0.037	−0.37
Vega	0.112	1.12

中国平安港股期权的合约乘数为 500，单张期权合约（对应 500 股股票）的 Delta 为 0.543，买入 10 张合约，Delta 为 5.43。1 手股票（500 股）的 Delta 为 1.00，为使 Delta 接近中性，最接近的数量是卖出 5 手（即 2500 股）股票。此时，整个头寸的 Delta 为 0.43，相当于多买了 215 股股票，但其数量小于 1 手，已经是最接近 Delta 中性的最小数量。同时，整体头寸的 Gamma 值为 0.95，Theta 值为−0.37，单从数值的绝对值上估计，做多 Gamma 可能是有利可图的，因为时间成本从绝对值上来说相对较小。最后，因为临近季报公布时间，隐含波动率高企，Vega 值较大，一旦隐含波动率回落，期权的价值将

随之变小，所以，Vega 对这个头寸来说，是个潜在的成本。但是交易者认为已实现波动率会上升，可以在 Gamma 上获利。因此，波动率最终的影响是隐含波动率和已实现波动率共同作用的结果。

下面让我们来看一下这个头寸在未来几天的具体表现。

第一天（2月19日）

开盘后，股价一路上扬，接近收盘时，整体头寸 Delta 为 0.92，比初始头寸多出 0.49 个 Delta，于是交易者以 91.15 港元的价格卖出 1 手（500 股）股票，使整体头寸重新接近 Delta 中性（−0.08）。

我们来看一下交易者当天的收益。当股价为 91.15 港元时，交易者整体头寸实际上因股价上涨，多出 0.49 个 Delta，考虑到合约乘数，实际上多出 245（0.49 × 500）个 Delta，这 245 个 Delta 因股价上涨带来的收益为：

$$245 \times (91.15 - 90.7) = 110.25 （港元）$$

由于 Delta 并非一开始便增加了 245，而是在股价上涨过程中逐步增加，因此我们简化取平均值，245 个 Delta 上涨带来的实际收益为：

$$110.25 \div 2 = 55.13 （港元）$$

卖出 500 股股票后，实际上就锁定了这部分收益。当天由于时间价值衰减带来的损失为：

$$(-0.37) \times 500 = -185 （港元）$$

全天净收益为：

$$55.13 - 185 = -129.87 （港元）$$

第二天（2月20日）

开盘后，股价一路下探至 90.15 港元，随后交易者以 90.2 港元的价格买入 1 手（500 股）股票，重新使 Delta 归零。随后市场情绪高涨，至临近收盘时，交易者以 91.65 港元的价格卖出 500 股股票，使整体头寸 Delta 重新接近于零。

当天，买入 500 股锁定的 Delta 收益为：

$$(90.2 - 91.15) \times (-500) \div 2 = 237.5（港元）$$

卖出 500 股锁定的 Delta 收益为：

$$(91.65 - 90.2) \times 500 \div 2 = 362.5（港元）$$

时间价值衰减的收益为：

$$(-0.37) \times 500 = -185（港元）$$

全天净收益为：

$$237.5 + 362.5 - 185 = 415（港元）$$

第三天（2月21日）

上一日收盘后，中国平安公布季报，基本符合预期。今日开盘后，股价并没有特别明显的涨跌波动。此时，交易者观察到，买入的看涨期权合约隐含波动率降至 20.8%，股票的已实现波动率微降至 25.8%，与其一周前的设想有所不同。截至收盘，股价下跌至 91 港元，交易者并没有交易。

其当日时间价值衰减的收益为：

$$(-0.37) \times 500 = -185（港元）$$

隐含波动率降低收益为：

$$1.12 \times 100 \times (20.8 - 24.5) = -414.4（港元）$$

当天净收益为：

$$-185 - 414.4 = -599.4（港元）$$

第四、第五天（2月22、23日）

周末两天休市，净收益为：

$$(-0.37) \times 500 \times 2 = -370（港元）$$

第六天（2月24日）

受上周末美股股市影响，周一开盘全球股市普跌，港股也不例外。临近收盘，中国平安跌至 89 港元附近，交易者以 89 港元买入 500 股，使整体头寸 Delta 调整为 0.49，重新接近中性。

其买入 500 股锁定的 Delta 收益为：

$$(89-91) \times (-500) \div 2 = 500（港元）$$

时间价值衰减收益为：

$$(-0.37) \times 500 = -185（港元）$$

当天净收益为：

$$500 - 185 = 315（港元）$$

六天来，交易者的整体收益为：

$$-129.87 + 415 - 599.4 - 370 + 315 = -369.27（港元）$$

从整体上看，交易者并没有实现盈利。

现在我们来分析这个交易。一周前交易者观察了隐含波动率和已实现波动率的走势，认为在季报公布后，隐含波动率会降低，而已实现波动率会升高，于是在 Delta 中性策略下，建立了做多已实现波动率的头寸。六天来，头寸总收益大约为 -369.27 港元。由于本次季报并没有在多空两方面明显超出市场预期，市场相对来说反应比较平淡，当天收盘股价微跌不到 1%。因此，期权的隐含波动率确实显著降低大约 4 个百分点，但已实现波动率却没有明显升高，相反还略微降低。因此在总体上看，交易者的这个头寸没能实现预定目标，有一定程度的亏损。如果分天来看，第一天的倒卖确实带来了收益，但没能抵消当天的时间成本；第二天的倒卖不仅带来了收益，而且成功覆盖了时间成本，当天实现了盈利；第三天季报公布后，由于交易者对已实现波动率的估计错误，因此不仅有时间成本，还有隐含波动率显著下降带来的损失；第四、五两天主要是时间成本损失；第六天的倒卖覆盖了时间成本，从而带来了正向盈利。通过上述观察，我们可以说，Gamma 转手倒卖的成败实际上取决于 Gamma 和 Theta 的力量对比。如果 Gamma 数值更大，则表明有更大的机会从股价波动中实现倒卖盈利，如果 Gamma 数值更小，则很可能倒卖带来的盈利难以覆盖时间成本。Gamma 实际上代表我们对已实现波动率的期望。这里引申出一条经验法则：如果已实现波动率在 25% 以下，那么通过 Gamma 转手倒卖赚钱很可能就是困难的。换句话说，已实现波动率太低，就是当下股价的波动性太低，通过股票倒卖赚到的钱相对来说就会比较少或比较困难。在上一个例子中，交易者的主要问题有三：第一，在建立头寸时已实现波动率不够高，几乎在经验值的临界点（26%），难以覆盖时间成本以及隐含波动率回落后带来的价值损失。如果没有隐含波动率的大幅回落，这笔交易还是略微盈利的（如隐含波动率不变，大约盈利 45.13 港元）。第二，由于中国平安港股期权的合约乘数是 500，因此交易者在建立中性头寸时，并没有实现 100% 的完全中性，总是留了一个小于 1 手股票数量的非中性 Delta。不过即便如此，上述例子也足可以说明问题。第三，假定交易者在建立头寸时，可以实现完全中性，并且在每个交易日结束时重新调整整体头寸，使 Delta 重归中性，那么每天的股价变动实际上是通过 Gamma 的作用使 Delta 从中性变为非中性，并进而影响整体头寸的价值的。因此，我们在计算每日收益时，虽然是直接使用 Delta 来计算，但 Gamma 的影响已经体现在当天的 Delta 变动中了。这一点与前面交易隐含波动率的例子——在一定时间段内，分解所有希腊值的变化以分析盈利构成略微有所不同。

卖出已实现波动率进行动态对冲的方法叫 Gamma 对冲（Gamma hedging）。我们前面提到，卖出已实现波动率相当于拥有负 Gamma 头寸，表明我们实际上期望一个波动率更小的市场。一名交易者在研究了伯克希尔股票的隐含波动率和已实现波动率之后，认为巴菲特拥有很高的声望，伯克希尔公司过去 50 年的业绩很好，过去一年的历史波动率很低（大约在 12% 左右，显示市场认为公司的确定性很强）。最近由于市场高涨，已实现波动率升至 15%，他认为已实现波动率会逐渐回落，并想建立一个基于 Delta 中性的卖出已实现波动率的策略。

他建立了以下头寸：

卖出 10 张两周后到期、行权价为 225 美元的看涨期权合约，每张合约 350 美元，此时，隐含波动率为 16.7%；

以 225.6 美元的价格，买入 545 股伯克希尔 B 级股票。

这个头寸的希腊值情况见表 5-5。

表 5-5 伯克希尔做空已实现波动率组合头寸的希腊值

希腊值	单张合约	整体头寸
Delta	-0.545	0
Gamma	-0.049	-0.49
Theta	0.099	0.99
Vega	-0.194	-1.94

我们可以看到，这个头寸卖出已实现波动率，拥有负 Gamma 头寸，实际上希望市场价格缓慢、小幅变动，如果市场价格快速、大幅变动，就是其风险所在；拥有正 Theta 头寸，这是其潜在收益所在。此外，因为隐含波动率和已实现波动率都位于高位，这个卖出已实现波动率的策略，实际上同时也卖出了隐含波动率，如果未来隐含波动率下降，这个头寸也能赚钱。

看一下这个头寸的具体表现。

第一天（2 月 19 日）

伯克希尔股价一路微涨至 227.8 美元，交易者买入 110 股，以使整体头寸 Delta 重新为 0。但今天股价强劲，一路上涨，临近收盘，交易者以 229.15 美元又买入 55 股，使 Delta 重新归 0。

我们来看一下当天的收益。

股价从 225.6 美元上涨至 227.8 美元时，整体头寸多出 110 个负 Delta，交易者这部分的收益为：

$$(227.8 - 225.6) \times (-110) \div 2 = -121（美元）$$

当临近收盘，交易者以 229.15 美元又买入 55 股，这部分的收益为：

$$(229.15 - 227.8) \times (-55) \div 2 = -37.13（美元）$$

当日时间价值衰减的收益为：

$$0.99 \times 100 = 99（美元）$$

全天净收益为：

$$-121 - 37.13 + 99 = -59.13（美元）$$

现在我们来探讨交易者可能的选择。当股价高开后，盘中上涨至 227.8 美元，整个头寸的 Delta 为–110，相当于卖出 110 股股票的 Delta。这个时候交易者为什么要买入股票呢？因为交易者持有的是卖出已实现波动率头寸，即期权空头头寸，因此交易者持有负 Delta。这个时候股价一旦上涨，由于负 Gamma 的加持，负 Delta 实际上在加速变大，结果就是交易者整个头寸的净损失在加速增长。如果交易者不重新调整头寸以达到 Delta 中性，那么在接下来的上涨中，他将面临更大的损失。但问题是，如果交易者判断错误，他也将面临损失。比如在当天的交易时段，股价在上涨至 227.8 美元后一路回落，这个时候在盘中高点买入的股票就会造成亏损。如果股价跌破昨天的收盘价，也就是进入当日下跌区间，那么交易者就会非常为难。因为在涨至 227.8 美元时调整好的 Delta 中性头寸，此时已经变为正 Delta 头寸。假设股价下跌–1%，如果要再次调整为 Delta 中性头寸，交易者就必须卖出股票。这个时候不仅要卖出原来买入的 110 股，很可能要卖出 200 股才能达到 Delta 中性。理由和上涨时相同，如果交易者不重新调整仓位以达到 Delta 中性，那么在下跌的过程中，交易者整体头寸的净损失会加速增长。因此他很有可能在下跌的过程中重新调整仓位，但是他同样会面临股价上涨时的两难。如果股价在触底后开始反弹，那么他在底部卖出股票，又会造成净亏损。

这里，我们有必要总结一下。前面的 Gamma 倒卖技巧，是通过股票倒卖，将每一次收益锁定，一旦股价逆转，通过股票平仓，就可以将锁定的收益转化为已实现收益。具体来说，是上涨卖出、下跌买入，并在股价逆转时平仓。但 Gamma 对冲则不然，每一次买卖股票使 Delta 重新归零，实际上都是在损失与更大损失的两难之间选择,如果不对冲,股价一旦形成趋势,交易者将面临更大的损失;如果对冲,一旦股价逆转,刚建立的对冲头寸就变成净损失。具体来说,是上涨买入、下跌卖出。Gamma 倒卖的每一次倒卖都是锁定收益,而 Gamma 对冲的每一次对冲都是锁定损失。Gamma 对冲能赚钱吗?可以。比如像这位交易者一样,每一次都判断正确,并且股价都是小幅、缓慢波动,就可以通过 Theta 衰减赚到时间价值。但每一次都判断正确在现实世界中几乎是不存在的,因此这个策略其实很难赚钱。如果用一句话来概括这个策略的特点,我想司马迁《报任安书》中"动辄见尤,欲益反损"这两句话庶几近之。

第二天(2 月 20 日)

当日,开盘后市场震荡,不久急剧下跌,临近收盘,交易者以 227.5 美元的价格卖出 75 股,以使 Delta 重归中性。

考虑到在股价上涨至 227.5 美元时,整个头寸多出 75 个 Delta,其当日卖出 75 股锁定的 Delta 收益为:

$$(227.5 - 229.15) \times 75 \div 2 = -61.88(美元)$$

时间价值衰减的收益为:

$$0.99 \times 100 = 99(美元)$$

当天的净收益为:

$$-61.88 + 99 = 37.12(美元)$$

第三天(2 月 21 日)

今天市场大幅调整,截至收盘,标准普尔下跌 1.05%,伯克希尔股价在开盘震荡后,一路逆势上涨,并以 229.33 美元收盘,涨幅为 0.51%。交易者在临近收盘时,以 229.33 美元买入 34 股,以使 Delta 重归中性。由于这两天股价大幅波动,隐含波动率已经上升至 24.9%。

当股价上涨至 229.33 美元时,整体头寸相当于卖出 34 个 Delta,

其当日买入 34 股锁定的 Delta 收益为：

$$(229.33 - 227.5) \times (-34) \div 2 = -31.11（美元）$$

时间价值衰减的收益为：

$$0.99 \times 100 = 99（美元）$$

隐含波动率上升带来的损失为：

$$(-1.94) \times 100 \times (24.9 - 16.7) = -1590.8（美元）$$

当天净收益为：

$$-31.11 + 99 - 1590.8 = -1522.91（美元）$$

第四天、第五天（周末）

时间价值衰减的收益为：$0.99 \times 100 \times 2 = 198$（美元）

第六天

上周五美国股市大跌，今天开盘延续上周跌势，纳斯达克低开 4%，伯克希尔低开 3.2%。对于隐含波动率和已实现波动率均较低的股票来说，卖出已实现波动率头寸，一旦遇到这种 3% 左右的跳空低开，就非常难办，大概率会交易失败。交易者以 222.55 美元的价格卖出 235 股，以使 Delta 重回中性。

当日卖出 235 股锁定的 Delta 收益为：

$$(222.55 - 229.33) \times 235 \div 2 = -796.65（美元）$$

时间价值衰减的收益为：

$$0.99 \times 100 = 99（美元）$$

当日净收益为：

$$-796.65 + 99 = -697.65（美元）$$

建立头寸后六天的总收益为：

$$-59.13 + 37.12 - 1522.91 + 198 - 697.65 = -2044.57（美元）$$

我们来看一下这个交易者的交易情况。六天来，整体头寸的收益为 −2044.57 美元，基本上是失败的。如果我们分天来看，第一天股价就有不小的涨幅，当天负 Delta 带来的损失就已经超过了当天的时间价值收益；第二天股价缓慢波动，时间价值的收益超过负 Gamma 带来的损失，实现盈利；第三天，由于市场大幅变动，隐含波动率上升，造成实质性的重大损失；第四、五天为周末，收到时间价值；第六天股价大幅低开，造成无法弥补的损失，从而造成交易失败。事后看，交易者选择了历史波动率不高的股票，这一点毫无疑问是正确的，但是并没有预料到市场恐慌情绪的加大会导致隐含波动率的快速升高，以及第六天的跳空低开，这是在建立初始头寸时预料不到的。一般来说，卖出已实现波动率的交易者，最担心的就是出现第六天的情况，即股价大幅低开（或是大幅高开）。一旦出现股价的大幅波动，整个头寸就面临无法弥补的损失，因为无论是高位买入股票或是低位卖出股票，仅仅是锁定损失而已，不会形成盈利。而这里由于整个市场的原因（担心新冠疫情全球扩散），全球权益资产的价格大幅波动，交易者遭遇"黑天鹅"，从而面临实质性的亏损。如果没有这只"黑天鹅"，股价如往常一样小幅、缓慢波动，这个交易者应该是可以赚到钱的。

这里我们可以看到，Gamma 倒卖、Gamma 对冲虽然名字上都与 Gamma 有关，但事实上都是在倒卖股票，从而调整 Delta 至中性。Gamma 倒卖想要盈利，首先，已实现波动率最好在 25% 以上；其次，整体头寸的 Gamma 值要足够大，换句话说，股价的日内波动幅度要足够大，才有倒卖的空间；最后，交易者要人为比较准确地判断股价的日内高低点位，这需要借助交易者自身的经验、市场感觉以及隐含波动率所暗示的日内波动幅度。Gamma 对冲想要盈利，就困难得多。首先，已实现波动率最好能稳步下降，也就是说，股价最好小幅、缓慢波动；其次，隐含波动率最好保持不变或是降低，因为对于负 Gamma 头寸来说，隐含波动率的上升是非常大的潜在威胁；最后，在满足前述条件下，依靠时间价值的衰减来获利。

介绍完交易隐含波动率和已实现波动率的策略后，有些人可能会感到困惑：这些策略和单纯地卖出看跌期权或买入看涨期权的策略，究竟有什么不同？比如，我们在季报公布当周（或当月）为了从隐含波动率的快速回落上获利而卖出看跌期权，这算卖出隐含波动率策略吗？又比如，我们在股价低迷、市场平静的时候，买入看涨期权，随后市场大幅上涨，带动已实现波动率和隐含波动率共同走高，这算买入已实现波动率策略吗？读者应当明白，我们在这里讲的隐含波动率和已实现波动率的策略，其起点是 Delta 中性，交易者对整体头寸的方向性风险是不关心的。交易已实现波动率采取的是日内主动交易（active trading），在整个策略的持有期内，尽量维持整体头寸的 Delta 中性状态，或者至少在每日收盘时维持中性状态，也就是说，交易者对股价的涨跌是不介意的。在这种状态下，交易专注于隐含波动率或是已实现波动率的涨跌，并从中获利。我们平时做的单边非中性策略，如卖出看跌期权或买入看涨期权，其盈亏是股价涨跌、隐含波动率变动、已实现波动率变动、时间价值衰减几种因素共同作用的结果。因此，它们并不完全相同。

还有一个问题：究竟是中性策略好，还是非中性策略好呢？这实际上取决于交易者的判断和目的。如果交易者对市场走向有很强的判断，那么适当暴露方向性风险的非中性策略，甚至某种程度上的加杠杆，可能就是更合适的策略。如果交易者并没有表现出对市场走向的强大信念，这个时候采用一个 Delta 中性策略，暂时将市场的方向性风险隔离，可能才是更好的选择。一般来说，Delta 中性策略都需要交易者能够实时盯盘，或是至少在收盘时将 Delta 重新调整为中性，需要比较高的技巧。

5.4 53 只中国市场 ETF 及其期权

为什么要介绍中国市场 ETF 及其期权交易呢？我希望大家将眼界放开，虽然我们大多数时候是在交易美国个股期权，但我们实际上是在全球范围内寻找低风险、高收益的交易机会，对于我们本就很熟悉的 A 股市场不应该视而不见。无论是股票交易，还是期权交易，我们都应该以一种全球视角来寻找交易标的，尤其对于中国股市这种走势几乎独树一帜的市场，更需要多加留意。

随着中国日益融入全球市场，中国内地的资本市场也越来越开放，不仅沪股通、沪港通、深股通、深港、沪伦通已经陆续开通。如今，全球投资者已经可以相当深入地参与到全球第二大经济体的资本市场中来。境外的机构投资者，除了可以通过内地与香港交易所的联通计划直接购买 A 股外，还可以购买各种以中国资产、公司为标的的 ETF。这些 ETF 种类繁多，既有沪深 300、中证 500 这样的宽基指数，也有涵盖特定板块公司的聚焦产品；既有聚焦于内地上市公司的产品，也有涵盖 A 股、港股、美股的跨市场产品。总体来说，这给境外投资者提供了相当大的便利。同时，对一些主要在美国市场交易的国内投资者来说，这也提供了无须汇回资金就能深度参与国内市场的诸多工具。

截至 2018 年 12 月 7 日，ETF.com 网站列出了以中国市场、资产为标的的 ETF 共计 53 只（见图 5-4）。

No.	Ticker	Fund Name	Option	Issuer	AUM	Expense Ratio	Segment
1	MCHI	iShares MSCI China ETF	✓	Blackrock	$4.72B	0.59%	Equity: China - Total Market
2	FXI	iShares China Large-Cap ETF	✓	Blackrock	$4.70B	0.74%	Equity: China - Large Cap
3	KWEB	KraneShares CSI China Internet ETF	✓	KraneShares	$2.44B	0.76%	Equity: China Internet
4	ASHR	Xtrackers Harvest CSI 300 China A-Shares ETF	✓	Deutsche Bank	$2.20B	0.65%	Equity: China - Total Market
5	GXC	SPDR S&P China ETF	✓	State Street Global Advisors	$1.39B	0.59%	Equity: China - Total Market
6	CQQQ	Invesco China Technology ETF	X	Invesco	$624.81M	0.70%	Equity: China Technology
7	KBA	KraneShares Bosera MSCI China A Share ETF	✓	KraneShares	$621.57M	0.60%	Equity: China - Total Market
8	YINN	Direxion Daily FTSE China Bull 3X Shares	✓	Direxion	$309.84M	1.52%	Leveraged Equity: China - Large Cap
9	CNYA	iShares MSCI China A ETF	✓	Blackrock	$293.26M	0.65%	Equity: China - Total Market
10	PGJ	Invesco Golden Dragon China ETF	✓	Invesco	$192.79M	0.70%	Equity: China - Total Market
11	CXSE	WisdomTree China ex-State-Owned Enterprises Fund	X	WisdomTree	$171.32M	0.32%	Equity: China - Total Market
12	CHIQ	Global X MSCI China Consumer Discretionary ETF	✓	Mirae Asset Global Investments	$166.34M	0.65%	Equity: China Consumer Cyclicals
13	YANG	Direxion Daily FTSE China Bear 3X Shares	✓	Direxion	$132.21M	1.08%	Inverse Equity: China - Large Cap
14	CHAU	Direxion Daily CSI 300 China A Share Bull 2X Shares	✓	Direxion	$119.60M	1.15%	Leveraged Equity: China - Total Market
15	CWEB	Direxion Daily CSI China Internet Index Bull 2X Shares	✓	Direxion	$62.69M	1.25%	Leveraged Equity: China Internet
16	PEK	VanEck Vectors ChinaAMC CSI 300 ETF	✓	VanEck	$60.14M	0.60%	Equity: China - Total Market
17	CHIX	Global X MSCI China Financials ETF	✓	Mirae Asset Global Investments	$58.22M	0.65%	Equity: China Financials
18	HAO	Invesco China Small Cap ETF	✓	Invesco	$53.24M	0.75%	Equity: China - Small Cap
19	ECNS	iShares MSCI China Small-Cap ETF	✓	Blackrock	$51.41M	0.59%	Equity: China - Small Cap
20	TAO	Invesco China Real Estate ETF	✓	Invesco	$50.28M	0.70%	Equity: China Real Estate
21	ASHS	Xtrackers Harvest CSI 500 China-A Shares Small Cap ETF	✓	Deutsche Bank	$44.36M	0.65%	Equity: China - Small Cap
22	FXP	ProShares UltraShort FTSE China 50	✓	ProShares	$42.90M	0.95%	Inverse Equity: China - Large Cap
23	FLCH	Franklin FTSE China ETF	X	Franklin Templeton Investments	$39.07M	0.19%	Equity: China - Total Market
24	CN	Xtrackers MSCI All China Equity ETF	X	Deutsche Bank	$36.50M	0.50%	Equity: China - Total Market
25	XPP	ProShares Ultra FTSE China 50	✓	ProShares	$38.45M	0.95%	Leveraged Equity: China - Large Cap
26	CNXT	VanEck Vectors ChinaAMC SME-ChiNext ETF	✓	VanEck	$32.17M	0.65%	Equity: China - Extended Market
27	CYB	WisdomTree Chinese Yuan Strategy Fund	✓	WisdomTree	$26.46M	0.45%	Currency: Long CNY, Short USD
28	KURE	KraneShares MSCI All China Health Care Index ETF	X	KraneShares	$24.41M	0.65%	Equity: China Health Care
29	CHAD	Direxion Daily CSI 300 China A Share Bear 1X Shares	✓	Direxion	$22.39M	0.85%	Inverse Equity: China - Total Market
30	CHIC	Global X MSCI China Communication Services ETF	✓	Mirae Asset Global Investments	$22.38M	0.65%	Equity: China Telecommunications
31	KFYP	KraneShares CICC China Leaders 100 Index ETF	X	KraneShares	$21.79M	0.70%	Equity: China - Total Market
32	WCHN	WisdomTree ICBCCS S&P China 500 Fund	X	WisdomTree	$17.59M	0.55%	Equity: China - Large Cap
33	KCNY	KraneShares E Fund China Commercial Paper ETF	X	KraneShares	$16.41M	0.59%	Fixed Income: China - Broad Market Investment
34	ASHX	Xtrackers MSCI China A Inclusion Equity ETF	X	Deutsche Bank	$14.46M	0.60%	Equity: China - Total Market
35	CHIK	Global X MSCI China Information Technology ETF	X	Mirae Asset Global Investments	$13.33M	0.65%	Equity: China Technology
36	AFTY	Pacer CSOP FTSE China A50 ETF	✓	Pacer Financial	$12.74M	0.70%	Equity: China - Large Cap
37	KCCB	KraneShares CCBS China Corporate High Yield Bond US	X	KraneShares	$12.34M	0.69%	xed Income: China - Corporate, Broad-based High Yi
38	CHNA	Loncar China BioPharma ETF	X	Exchange Traded Concepts	$11.60M	0.79%	Equity: China Biotech
39	FCA	First Trust China AlphaDEX Fund	✓	First Trust	$9.05M	0.80%	Equity: China - Total Market
40	KALL	KraneShares MSCI All China Index ETF	X	KraneShares	$7.75M	0.49%	Equity: China - Total Market
41	CNY	Market Vectors Chinese Renminbi/USD ETN	X	Morgan Stanley	$7.60M	0.55%	Currency: Long CNY, Short USD
42	YXI	ProShares Short FTSE China 50	✓	ProShares	$5.73M	0.95%	Inverse Equity: China - Large Cap
43	CBON	VanEck Vectors ChinaAMC China Bond ETF	X	VanEck	$4.46M	0.50%	ncome: China - Broad Market, Broad-based Investme
44	CHIS	Global X MSCI China Consumer Staples ETF	X	Mirae Asset Global Investments	$4.24M	0.65%	Equity: China Consumer Non-cyclicals
45	FXCH	Invesco CurrencyShares Chinese Renminbi Trust	X	Invesco	$3.49M	0.40%	Currency: Long CNY, Short USD
46	CHIL	Global X MSCI China Large-Cap 50 ETF	X	Mirae Asset Global Investments	$2.90M	0.29%	Equity: China - Large Cap
47	CHIH	Global X MSCI China Health Care ETF	X	Mirae Asset Global Investments	$2.79M	0.65%	Equity: China Health Care
48	CHII	Global X MSCI China Industrials ETF	X	Mirae Asset Global Investments	$2.01M	0.66%	Equity: China Industrials
49	KGRN	KraneShares MSCI China Environment Index ETF	X	KraneShares	$1.93M	0.80%	Equity: China - Total Market
50	CHIR	Global X MSCI China Real Estate ETF	X	Mirae Asset Global Investments	$1.81M	0.65%	Equity: China Real Estate
51	CHIM	Global X MSCI China Materials ETF	X	Mirae Asset Global Investments	$1.63M	0.65%	Equity: China Basic Materials
52	CHIU	Global X MSCI China Utilities ETF	X	Mirae Asset Global Investments	$1.55M	0.65%	Equity: China Utilities
53	CHIE	Global X MSCI China Energy ETF	X	Mirae Asset Global Investments	$1.52M	0.66%	Equity: China Energy

图 5-4　53 只中国市场、资产相关的 ETF

在上述 ETF 的发行方中，贝莱德（BlackRock）、未来资产（Mirae Asset）、智慧树（Wisdom Tree）、景顺（Invesco）、范·艾克（VanEck）、Proshares、Direxion 等管理机构提供了比较多的 ETF 产品。在这 53 只 ETF 当中，有 28 只可以交易期权合约，其中流动性充沛的 FXI（追踪富时中国 50 指数）、ASHR（追踪沪深 300 指数）、YINN（三倍做多富时中国 50 指数）3 只 ETF 提供了周度期权，剩下的 25 只 ETF 提供月度期权，进一步丰富了市场深度，从而为交易者提供了更多的选择。

如果我们粗略做些分类，大致上，MCHI、ASHR、GXC、KBA、CNYA、PGJ、PEK、ASHS、FLCH、CN、WCHN、ASHX、AFTY、FCA、KALL、FXI 这几只属于宽基指数 ETF，大多数以中国相关指数为基准，寻求 A 股或跨市场的中国资产的充分覆盖。具体来说，MCHI 规模最大，ASHR、PEK 追踪沪深 300 指数，ASHS 追踪中证 500 指数，AFTY 追踪富时中国 A50 指数，FXI 追踪富时中国 50 指数，PGJ 追踪纳斯达克中国金龙指数，这些应该是最为大家所熟知的。其他有些聚焦于 A 股，如 KBA、CNYA，有些则跨市场覆盖，如 GXC、FLCH 等。

FXI、CQQQ、CXSE、HAO、ECNS、TAO、CNXT、KURE、KWEB、KFYP、KGRN、CHIQ、CHIX、CHIC、CHIK、CHNA、CHIS、CHIL、CHIH、CHII、CHIR、CHIM、CHIU、CHIE 这几只属于板块类 ETF，以某种风格或板块为基准，进行有针对性的覆盖。具体来说，FXI、CHIL 追踪大盘股，ECNS、HAO 追踪小盘股，KFYP 追踪中证中金行业精选指数，CNXT 追踪中小板和创业板指数（SME-ChiNext 100 Index），CXSE 追踪非国企（政府持股小于 20%）企业。剩余的板块 ETF 基本上属于某个特定行业或板块的 ETF，如 KWEB 追踪中国互联网公司，CQQQ 追踪中国科技板块，CHIX 追踪中国金融板块，TAO、CHIR 追踪中国地产行业，KURE、CHIH 追踪中国健康板块，CHIC 追踪中国通信服务业，CHIK 追踪中国信息技术行业，CHNA 追踪中国生物制药行业，CHIS 追踪中国必选消费品行业，CHIQ 追踪中国可选消费行业，CHII 追踪中国工业，CHIM 追踪中国材料行业，CHIU 追踪中国公用事业板块，CHIE 追踪中国能源板块，KGRN 追踪中国环境指数。

跟成熟市场一样，在与中国相关的 ETF 当中，也有反向 ETF，即做空的 ETF，当标的指数下跌时，此类 ETF 同等幅度获利。具体来说，CHAD 为一倍做空沪深 300 指数，YXI 为一倍做空富时中国 50 指数，FXP 为两倍做空富时中国 50 指数，YANG 为三倍做空富时中国 50 指数。追踪指数两倍或三倍涨跌幅的 ETF，通常称为杠杆 ETF。FXI 一倍做多富时中国 50 指数，和 YXI 正好相对；XPP 两倍做多富时中国 50 指数，和 FXP 正好相对；YINN 三倍做多富时中国 50 指数，和 YANG 正好相对。此外，CHAU 为两倍做多沪深 300 指数，CWEB 为两倍做多中国互联网指数。

最后还有两类 ETF，分别是固定收益类 ETF 和外汇类 ETF。KCNY 是商业票据 ETF，KCCB 是高收益率企业债 ETF，CBON 是中债优质企业债券指数（ChinaBond China High Quality Bond Index）ETF，CYB 看多人民币、看空美元，CNY 追踪标准普尔人民币总回报指数（S&P Chinese Renminbi Total Return Index）的交易所交易票据⊖。FXCH 是景顺发行的人民币信托基金，即将退市，不了解也无大碍。

美国金融市场上的产品极其丰富，金融创新从未停止。即便在华尔街，一个人也不可能了解所有的金融产品，尤其是那些拥有复杂结构或与衍生品相挂钩的金融产品。华尔街的名言是：不了解的不做，才可以避免自己陷入巨大且不了解的风险当中。交易者首先要在发行方网站上，对前面介绍的各类 ETF 有充分的了解和认知后再进行交易，是比较稳妥的办法，尤其是对于反向 ETF、杠杆 ETF 以及固定收益类和外汇类 ETF 来说更是如此。

此外，对于上述 ETF 而言，交易者尤其要注意杠杆 ETF 的风险。在 Direxion 网站对相关杠杆 ETF 的介绍和描述中，两倍或三倍的杠杆 ETF 的目标是实现当日标的指数两倍或三倍的涨跌幅，换句话说，杠杆 ETF 需要买入或卖出更多的标的资产，以达到杠杆效果，而杠杆的融资成本以及额外的交易成本，都会拉低预期的回报率。因此，长期来看，杠杆 ETF 本身就是有损耗的，并不适合长期持有，也不会在一段时期内产生累计两三倍的总体回报，这一点

⊖ 这里指的是摩根士丹利发行的高级未担保的、暴露于汇率风险的债权性证券。

交易者必须十分留意。

5.5 国内外沪深 300ETF 期权之比较

国内现在已经开通了上证 50ETF 期权、沪深 300ETF 期权、沪深 300 指数期权，期权交易的时代已经来临。根据上交所的公告（深交所以嘉实沪深 300ETF 为标的，这里以上交所为例），其沪深 300ETF 期权的标的合约，选择的是华泰柏瑞沪深 300 交易型开放式指数证券投资基金，这是目前市场上体量最大的沪深 300ETF。在美国市场上，追踪沪深 300 指数的共有 2 只 ETF，分别是 ASHR、PEK，前者由德意志银行发行管理[⊖]，交易所提供周度期权进行交易，后者由范·艾克发行管理，交易所提供月度期权进行交易，市场体量较小。

表 5-6 列出了国内沪深 300ETF 期权和美国市场沪深 300ETF（以 ASHR 为例）期权的一些对比。

表 5-6 国内外沪深 300ETF 期权对比

内容	国内市场	美国市场
标的合约	华泰柏瑞沪深 300ETF	德银嘉实沪深 300ETF
ETF 代码	510300	ASHR
价格	3.996 元	29 美元
合约乘数	10 000	100
合约时段	当月、下月及随后两个季月期权	当月、下月的周度期权；下下月、半年度的月度期权；一年度、两年度的长期期权
行权价数	9~12 个左右	30~40 个左右
合约价格间隔	0.1 元	0.5 美元
行权方式	到期日行权（欧式）	可提前行权（美式）

⊖ 德银曾在 2015 年发行了追踪沪深 300 指数且对冲人民币汇率风险的另一只 ETF——ASHX，但自 2018 年 6 月之后，ASHX 调整为追踪 MSCI China Inclusion 指数。

（续）

内容	国内市场	美国市场
到期日	到期月份第四周的周三	周度期权为每周五；月度期权为到期月第三周周五
最小报价单位	0.000 1 元	0.01 美元
最小交易单位	1 张或其整数倍	1 张或其整数倍
保证金要求	Min[合约前结算价 + Max(12%× 合约标的前收盘价 – 认沽期权虚值，7%× 行权价)，行权价]×合约乘数	看跌期权价格 + Max [（20%× 标的合约价格 – 看跌期权虚值），（10% × Strike Price）]

注：1. ETF 价格为 2020 年 1 月 23 日的收盘价。

2. 国内期权合约价格区间，3 元或以下为 0.05 元，3 元至 5 元（含）为 0.1 元，5 元至 10 元（含）为 0.25 元，10 元至 20 元（含）为 0.5 元，20 元至 50 元（含）为 1 元，50 元至 100 元（含）为 2.5 元，100 元以上为 5 元。目前在 0.1 元的区间。

3. 保证金要求过于复杂，这里是基于规则的保证金要求（非投资组合保证金），以裸卖出看跌期权的开仓保证金要求为例。510300 的保证金要求来自上交所网站，ASHR 的保证金要求来自盈透证券网站。

通过上表我们可以看到，虽然国内与美国市场都有沪深 300 指数 ETF 的期权交易，但在一些细节方面仍有不同。

第一，美国市场的行权价更丰富。按照上交所的公告，国内沪深 300ETF 期权的行权价有 9 个，1 个平值合约的，4 个虚值合约的，4 个实值合约的。在实际操作中，考虑到指数长期向上的特点，向上的行权价通常多出 1 个或 2 个，可以行权的总价位在 9~12 个左右。ASHR 期权合约的行权价较为丰富。一般来说，周度期权的行权价有 40 个左右，月度期权的行权价也在 30 个上下。对交易者来说，无论是投资、投机还是对冲，行权价多了，其实就是有了更大的选择权，也便于根据各种目的安排交易策略。

第二，行权价的最小价格间隔，ASHR 略微优于国内。以目前的价格间隔来看，国内沪深 300 期权能捕捉到大约 2.5%（0.1/3.996）的价格变化，而 ASHR 大约能捕捉到 1.7%（0.5/29）的价格变化。换句话说，ASHR 的合约价格设计得更为细密，可以捕捉到更小的价格变化，同时给了交易者更大的选择权。国内的合约设计，从行权价数量以及价格间隔来看，对交易者的限制还是比较多的。这一方面可能体现出监管机构先试先行、稳妥推进的意图，另一方面可能说明更重要的是监管者想要"引导"市场做更多的投资和套保，而非投机。期权的场内交易，从合约设计、做市制度、保证金要求，到清算结算流程，包括曾经引发风险后的改进，在发达国家已经相当成熟了，国内大面借鉴即可，不存在太多未知的风险。至于"引导"的想法，大约是监管者比较了解国内交易者的现状（以投机居多，投资或是套保较少），因此并未提供太多的行权价，以期达到"引导"的效果。但是，减少工具的多样性，并不能从实质上减少市场上的投机行为，反而降低了交易者的胜率和盈亏的多样性。作为交易场所，提供一个规则清晰、工具丰富、设施完善、公开透明的环境才是至关重要的。无论出于什么目的进行交易，也无论结果是盈是亏，交易者都应靠自己并为自己的行为负责，这比靠内幕信息获利、提前知道政府决策获利不知道高明到哪里去了。

第三，ASHR 提供了周度期权，而 510300 只提供月度期权。ASHR 的期权交易者可以交易 1~8 周的周度期权，极大地丰富了交易者的选择，这是 ASHR 区别于 510300 最大的特点。"夜长梦多"这句俗语用在期权交易领域再合适不过：时间越长，可能出现的变化就越多，对于期权空头（负 Gamma，正 Theta）来说，交易者希望的是价格缓慢、小幅变动，时间选择余地越大越有利；此外，8 周以内的期权，时间价值处于快速衰减的通道中，周度期权的出现为期权空头提供了便利。大家可以很明显地感觉到，对于期权来说，最重要的就是行权价和行权时间，这两大要素是期权的命门所在。从这两方面看，国内的合约设计仍有可以改进的空间。无论如何，万里长征迈出了第一步，也是不小的进步。

第四，ASHR 期权的合约乘数更小，交易者门槛儿更低，可以让交易者更灵活地安排仓位。国内 510300 的期权乘数为 10 000，也就是说，一张期权合约实际上对应了 10 000 份标的 ETF，以目前 4 元左右的价格看，一张合约大约价值 40 000 元人民币；而 ASHR 的期权合约乘数为 100，以目前 29 美元的价格看，一张合约大约对应 2900 美元，按 6.94 的汇率算，约 20 115 元人民币，几乎是国内一张合约价值的一半。换句话说，ASHR 期权最小的名义价值差不多是 510300 的一半，交易者可以用更小的代价实现仓位配置。

第五，保证金要求及交易效率。根据表 5-6 中关于保证金要求的内容，大家可以看到，国内应用的是 12%，而美国应用的是 20%，实际上，对于这种基于规则的保证金要求，国内比美国更宽松，也就是杠杆率更高。经过笔者的简单测算，从卖出一个月后的平值看跌期权来看，国内的交易效率（权利金/保证金影响）约为 25%，美国的交易效率约为 14%，可见国内的交易拥有更大的杠杆，交易效率更高。如果按照美国的投资组合保证金要求来算（大约是基于规则保证金要求的一半），那么交易效率大概能提升到 25% 左右，但国内的投资组合保证金同样也会提高效率。总体上看，国内的保证金制度给予交易者更大的杠杆。杠杆从来都是一把双刃剑，很难说杠杆高了是好还是不好，不过就吃过杠杆亏的美国来说，其目前期权的杠杆率其实不算高。此外，还可以从权利金/合约价值的角度来衡量交易效率。就 2020 年 2 月 3 日沪深 300ETF2 月份合约而言，其权利金/合约价值约为 3.4%，ASHR 这个值为 3.2% 左右，相差无几。这说明，如果以最后付出的价值来衡量风险，以权利金来衡量收益，国内外趋于同等水平，在此过程中，保证金影响实际上起到了放大杠杆的作用，并不能从实质上提高胜率。

第六，510300 的市场流动性要好于 ASHR。这个比较容易理解，举国之力，集中在几个有限的品种上，流动性自然比美国上市的 ASHR 要好很多。这是国内交易者占优势的地方。不过对于个人交易者来说，ASHR 也能满足需求，毕竟其体量大。

第七，对于交易者来说，究竟是交易股票期权好呢，还是交易指数 ETF 期权更为有利呢？这是一个人言人殊的问题。一个主要做国内指数 ETF 期权的朋友就认为，美国股票期权隐含波动率高，风险更大，做指数 ETF 期权是更好的选择。我觉得无论怎么选，把背后的逻辑讲清楚还是很有必要的。

首先，个股的隐含波动率比指数 ETF 的隐含波动率高。这一点不难理解。指数基于编制规则，是一篮子股票的组合，任何一只股票对指数的影响都相对有限，因此指数的涨跌是其所有标的股票涨跌相互抵消后的产物。相对于个股来说，指数更为稳健，也就拥有更低的隐含波动率。其次，如果单从隐含波动率的角度来说，并不能认为高隐含波动率就代表了高风险。我们在前面介绍过，如果仅就期权交易而言（暂不考虑估值水平），交易者首先要确定自己可接受的风险水平，并通过比较隐含波动率与可接受的风险水平，最终选定期权合约的行权价。交易者在交易前面临的风险，其实是自己可接受的风险水平，并不直接取决于隐含波动率；交易开仓后面临的风险，主要是已实现波动率。这一点请大家一定想明白。如果交易者在交易前没有确定自己可接受的风险水平，只是凭感觉选定行权价，那实际上就没有利用好隐含波动率所表达的信息。最后，隐含波动率高，期权相应的价格就高，交易者的"油水"就更大。因此，从理论上讲，在相同的可接受风险水平的前提下，个股期权的交易获利要比指数 ETF 期权更多一些。如果指数 ETF 期权要获得跟个股期权一样的收益，最常见的办法就是加杠杆，而杠杆永远是一把双刃剑。但是，由于指数的波动率往往比个股低不少，因此指数的可接受风险水平很可能比个股的可接受风险水平要低一些，从而使实际情况的比较更为复杂一些。

其实，更为关键的是单纯期权交易之外的考虑。如果从单纯期权交易的角度看，交易者可接受的风险水平和隐含波动率是重要的参考指标；如果我们看更为本质的东西，行权价的最终确定就与股票估值最为相关。估值涉及对公司的研究。因此，从根本上说，如果做股票期权，对公司的了解和研究始终是一个逃不开的话题。公司研究不容易，却是一件有复利积累的事情。起步过程可能缓慢，甚至痛苦，但一两年后可能就会得心应手，且这种能力会终身受用。公司研究是正路，也是窄门，是值得个股期权交易者认真考虑的一条路。

指数的估值则不然。指数的估值不是靠对指数的研究进行的，因为指数是由一篮子股票构成的，一个人不可能研究一篮子股票。指数的估值一般是统计出来的，即某个指数历史 PE/PB 是多少倍、什么时间最低、最低为多少、什么时间最高、最高为多少，这些都是统计结果。这些统计结果随处可查，上网一搜索，5分钟搞定。与公司研究相比，指数不需要深入研究，且统计结果也没什么复利积累可言。这是一条近路，上手相对容易。那么交易指数ETF，除了估值外，还要关注什么呢？大概就是影响指数短期走势的因素了，包括宏观经济分析、流动性分析、技术分析等，这通常属于另外高深的学问，不是笔者所了解或掌握的。所以，对于指数ETF期权来说，看估值、猜方向、上杠杆，是影响收益最重要的几个因素。

对交易者来说，是主要做个股期权交易，同时开启有复利积累的公司研究，还是主要做指数ETF期权交易，锻炼自己判断大势的能力，完全取决于每个人的交易风格，以及想成为什么样的交易者。有些人天生具有敏锐的商业判断和良好的商业分析能力，那么自然适合做个股期权交易；有些人沉浸国内市场多年，练就了洞察先机的本领，能比较准确地把握市场走势，那么上杠杆做指数ETF期权就是更好的选择。条条大路通罗马，关键在于你擅长什么。

第八，关于在岸市场、离岸市场相互影响的问题。在当代，经济全球化、金融全球化比以往任何时期都更加有影响力，在岸市场和离岸市场相互影响已经成为一种常态。通常来说，是在岸市场影响离岸市场，考虑到中美之间12小时左右的时差，510300的变化应该领先于ASHR的变化。但是美国这个离岸市场又相当特殊。得益于美国全球第一的经济、金融实力，这个离岸市场的变化很多时候又可以影响到全球其他市场的走向。所以，有时候ASHR的变化反而先于510300的变化。因此，简单地说哪个市场一定率先发生变化从而影响另一个市场，可能过于武断。

5.6 杠杆ETF期权的止损之道

这里说的杠杆ETF期权的止损，专门就富时中国50指数的相关ETF而言。前面我们介绍过，富时中国50指数拥有三对多空相对的ETF，分别是：一倍多空的FXI、YXI，两倍多空的XPP、FXP，三倍多空的YINN、YANG。

由于其多空配对的特性，存在一些对冲的方法，可以在判断失误时减少或锁定损失。

就笔者个人的交易实践而言，在2018年中国股市大跌的时候，我过早地买入了三倍做多富时中国50指数的YINN，因此造成了浮亏。不过借助于YANG和YINN的特性，实现了某种程度上接近无损的对冲。

我在上证指数3000点时判断，大概在2800左右会见底，因此在2800左右买入了YINN，没想到市场一路下跌到2450左右才见底，因此造成YINN仓位的浮亏。这里需要举例来说明，会比较直观。假定我们在2018年7月以23美元的价格买入1000股YINN（YANG当日收盘价为56美元），以期待股市上涨后的大幅获利。但股市并没有按我们预想的方向发展，而是继续下跌，YINN跌到18.4美元左右（YANG涨至67美元左右），下跌了20%。这个时候，如果我们想减少风险敞口，就可以利用YINN和YANG的期权进行对冲。我们假定一个月后YINN会涨回至成本价23美元左右，即上涨25%，YINN的头寸会实现盈亏平衡，相应地，YANG应当下跌25%至50美元左右，这个时候我们可以卖出10张YANG一个月后到期、行权价为50的看跌期权合约，以收取权利金。一个月后，如果股市上行使YINN涨至23美元，那么YINN头寸将实现盈亏平衡，YANG的看跌期权空头头寸将会到期，收到的权利金转化为收益。如果股市上涨使YINN超过23美元，那么YANG的看跌期权空头头寸将会被行权，并且面临损失，但这部分损失和YINN超过23美元部分的盈利应当接近并抵消。行权后同时平仓YINN、YANG，这笔交易就算结束了，我们仍能收获当初卖掉看跌期权的权利金。在这一个月当中，如果股市没有上涨，反而继续下跌，那么我们将在YANG的看跌期权头寸上实现完全的收益。看跌期权到期后，可以如法炮制，继续卖出看跌期权，以再度减小损失。这并不是完美的策略，因为我们偏离了最初YINN大幅上涨的设想，但这使我们取得了一定的收益，又避免了更多的损失。除此之外，还可以采取其他办法进行某种程度的对冲，譬如可以卖出10张YINN的看涨期权合约，做成卖出备兑看涨期权，以收取看涨期权的权利金；还可以先卖出YINN的看涨期权，并用其收到的权利金买入YANG的看涨期权，如果市场下跌，以很小成本买入 YANG 的看涨期权将获得更大的收益，从而补偿 YINN 头寸上的损失。

YINN 和 YANG 这种配对多空 ETF，其期权可以有多种变化组合，甚至可以跨品种组合，比如两倍和三倍组合、一倍和两倍组合等，在不同情况下可以收到不同的效果。但正如我们前面介绍过的，杠杆 ETF 自身带有损耗，不适合长期持有。此外，对冲面临交易费用及出价、要价的价差，未必能实现完全覆盖的对冲效果，这一点请交易者务必注意。

5.7 一些可供参考的交易指标

在做具体交易时，交易者一般会参考一些具体指标，作为决策判断的辅助工具。这里我们给大家简单介绍几种常用的指标。

1. 权利金/保证金影响。保证金影响是在我们拟定交易订单即将下单前，系统自动算出的保证金影响金额。这个金额通常有两个值，一个是初始保证金影响，一个是维持保证金影响，根据不同的产品种类和保证金计算要求，这两个值有时候一样，有时候不一样。通常来说，初始保证金的要求更高一些。交易者对这两个值都需要关注。这个比率在卖出期权时是要重点关注的，它一方面表明交易的效率（该比率越大越好），另一方面会影响整体仓位的保证金余额。此外，这个比率必须结合交易胜率同步考虑，只有当交易真正获利时，交易效率才是有意义的。这个比率对期权买方来说，意义不大，因为期权买方占用的保证金是非常小的，可以忽略不计。

2. 隐含波动率/历史波动率。一般来说，这个比率券商系统会直接给出，交易者加以利用即可。无论是对期权卖方还是对买方来说，这个比率都非常重要。我们前面说过，期权的隐含波动率均值回归是一个比较确定的规律。股票的历史波动率代表过去一段时间内股票已经实现的波动率水平，尽管股价可以时高时低，甚至不断新高、不断新低，但其历史波动率相对来说会在一个比较稳定的区间内波动。因此，由于受到各种因素影响，股票的隐含波动率当下可能过分高企，也可能过分偏低，但总体趋势是向历史波动率回归。

正是基于这一特性,单纯从波动率的角度来看,这个比率如果大于 1,那么很可能期权价值被高估了,如果小于 1,则期权被低估。当然,交易者不会仅仅根据这个比率得出是否高估、低估的结论,还会参考各种其他因素进行综合判断,比如在季报公布前,这个比率通常都会季节性地高企,季报公布后,这个比率会立即回落至小于 1 的区间。

3. 13 周、26 周、52 周隐含波动率排名。这个指标是在 13 周、26 周、52 周的时间范围内,当下隐含波动率在最高点与最低点之间的排位。这个值可以帮助我们了解当下的隐含波动率在一个周期中究竟处于什么水平,相当于对隐含波动率/历史波动率的一个补充。一般来说这个值在 0~100 之间,其中等级为 0 表示当前的隐含波动率处于周期内最低值,而等级为 100 表示隐含波动率处于周期内最高值。其计算公式为:[(当前隐含波动率-周期内隐含波动率最低值)/(周期内隐含波动率最高值-周期内隐含波动率最低值)]×100。系统通常会给出这个值,或是给出类似的比率,如 52 周隐含波动率百分比等相关指标。

4. 交易日看跌期权与看涨期权未平仓合约数的比率。这个比率系统一般都会直接给出,无须交易者计算。通常来说,看跌期权和看涨期权的未平仓合约数分别代表了市场的看跌情绪和看涨情绪。这个比率大于 1,表明市场上期权交易者看跌的情绪更多一些;小于 1,则表明看涨的情绪更多一些。但是交易者不会根据这个比率来直接解读市场情绪。这里隐含的洞见是,市场很多时候是错的。最好把这个指标当成是反向指标来用,换句话说就是,如果这个比率大于 1,看涨可能就是个不错的选择,反之亦然。

5. 交易日看跌期权与看涨期权交易合约数量的比率。与上一个比率类似,这个比率表明了交易当日期权交易者的看跌、看涨情绪。这个比率大于 1,表明当日的期权交易者对后市价格走势看跌的更多一些;小于 1,则表明看涨的更多一些。

6. 期权未平仓合约数。期权的未平仓合约数是一个绝对值。券商有时候会给出底层证券的所有到期日、所有行权价、总共的未平仓合约数,有时候会针对某一张合约给出未平仓合约数。无论如何,未平仓合约数代表了合约的流动性。未平仓合约数大,表明流动性充沛,将来交易时,出价、要价的价差就会比较小;未平仓合约数小,表明流动性缺失,将来可能面临比较大的出价、要价价差,以及很可能找不到合适的交易价格而只能持有至到期。此外,交易者可以留意某一到期日、某一行权价未平仓合约数的突然、大幅上升,这通常代表市场的某种认知发生了改变,可能隐藏着某些交易机会。

第 6 章　我的交易体系

我们做期权交易的目的是长期、可持续地在这个市场上赚钱，因此建立一套稳妥、可靠的交易体系就十分有必要。有些人可能因为市场的原因（比如遇到了牛市）赚了很多，其交易主要靠感觉，但长期来看，感觉可能是多变的，没有确定的踪迹可寻，感觉也可能是失灵的，过去的感觉未必适合现在，也未必适应将来。总体来说，感觉是不可靠的，跟着感觉走，也很可能是走不远的。如果我们认真看待期权交易，将其看成可以长期获利的工具，那么建立一套基于规则的交易体系就是有必要且必需的。

我认为，期权交易体系大概包含这么几方面的内容：①交易理念；②建仓策略；③仓位策略；④加仓策略；⑤平仓策略；⑥风控策略；⑦交易心态；⑧选股策略。

一名期权交易者，如果想认真地交易期权并长期稳健获利，就应该在开始期权交易前，对上述问题有明确的答案，并将其写下，作为明确的交易体系，以约束自己的行为。下面针对这几点，我来谈谈自己的看法。

6.1　交易理念

交易理念是一名期权交易者对期权的总体认识和看法，是一种原则性的指导方针，在总体上告诉了交易者应该做什么样的交易。我的交易理念主要来源于这么几个方面：首先是对期权非对称性的洞察，即我看到很多时候风险和收益是非对称的，所以我不认可主流金融学高风险带来高收益的这种论点；其次，根据期权的特点（时间价值在不断流失）以及期权交易实践（卖方胜率更高），我认为期权的卖方是一种更好的选择；最后，我将期权交易看成可以长期盈利的一种工具、一种概率游戏，因此在这个游戏中活得越久越有利，你必须尽可能长时间地待在这个游戏中，才能获得最终的胜利。对上述这几点的总结和提炼，构成了我在本书中反复倡导的交易理念：长时间、可重复、高胜率、低风险。这四点是我做一切期权交易的出发点，尤其是在遇到一些可做可不做的交易时，可以用来提醒自己，不要偏离自己的目标。理念是一盏明灯，在我们心生杂念的时候，看不清楚方向的时候，难以决断的时候，它让我们可以"不忘初心、牢记使命"。本书的读者，可以沿用这个理念，也可以借鉴这个理念，当然更可以创造自己的交易理念。无论怎样，关键是要有交易理念。

6.2 建仓策略

建仓策略，主要是怎么买或怎么卖以达到预期仓位目标的方法。建仓策略不涉及交易标的的选择，更多的是实施的步骤和速度的问题。通常来说，建仓策略分为两种：一种是一次性到位，买入或卖出既定数量的合约，完成建仓；另一种是分批建仓，带有一定的主观选择和时机判断。这两种策略各有利弊。如果股价按照交易者预想的方向运动，那么一次性建仓就很可能切入了最有利的时点，交易者的获利就可能最大化；但如果股价一开始并没有按照交易者预期的方向运动，一次性建仓就可能面临浮亏的局面。这个时候，分批建仓的好处就显现了——可以在合适的价格持续建仓，以达到交易者的预期仓位目标，比如10%仓位，或是20张合约。此外，分批建仓还有个好处就是，可以根据情况调整仓位目标。比如第一次建仓只买入或卖出 1 张合约，第二天横盘等待，第三天突然加息，或是突然发生地缘政治冲突或是其他可以改变市场整体走向和预期的重大事件，那么这个时候分批建仓就获得了很大优势。但缺点也是显而易见的，比如，如果股价持续向预定方向运动，一去不返，交易者就有可能面临建仓仓位不足的问题，若跟进，就可能抬高建仓成本。这两种建仓策略无所谓优劣，都是在价格运动的确定性和收益性之间的一种权衡。就我个人来说，一般会分批建仓。这倒不是因为我对一次性建仓有偏见，而是通常来说，我建仓的时机都不是最好的，在过半数的情况下，股价并没有一开始就按照我预想的方向运动，因此当前我一般采用分批建仓的策略。我知道有一小部分人对时机的把握非常准，那就非常适合一次性建仓。在建仓策略方面，大家可以根据自己的实际情况，选择一次性建仓或分批建仓。

6.3　仓位策略

仓位策略主要用于解决某个仓位在整体仓位中的比重问题。在股票投资上，巴菲特采取集中持股，并认为分散化保护了无知。这个问题，其实在于对确定性的判断。巴菲特是首屈一指的投资界前辈高人，他继承并发扬了价值投资，对很多公司有深入的研究，可以比较准确地判断公司未来的价值。对他来说，确定性是很高的，因此他集中持股。此外，像段永平先生，用他自己的话说，巴菲特是集中持股，而他是超级集中持股。他基本上在一定时期内就持有一两只股票，却实现了投资的大幅度升值。段先生早期创办小霸王、步步高等企业，后来在实体公司方面又投资了OPPO、vivo、拼多多，在股市上他更是超越同侪，成就一代传奇，是非常罕见的横跨一二级市场、对价值投资有通透理解的投资大师。我甚至觉得他的很多访谈录言简意赅，颇有《论语》的味道。对他来说，投资一家企业代表真正理解了这家企业的业务，并且确定性非常高，因此可以超级集中持股。同样的道理，在期权交易领域，如果你买入看涨期权，你的仓位其实取决于你对投资公司确定性的判断，以及对未来价格的判断；如果你卖出看跌期权，你的仓位取决于对股价下行空间的判断，以及对内在价值的判断，具体仓位则跟公司的确定性及保证金需求相关。如果交易者对公司基本面非常确定，完全可以将全部仓位集中于一家公司；如果交易者比较确定但不是非常确定，则可以集中于少数 3～5 家公司；如果交易者比较确定但仍然想适当分散以降低自己判断出错的概率，则可以分散至 10～15 家公司。就我个人而言，我一般会等分出 10 个仓位，每个仓位一家公司。这个仓位可以买股票，也可以交易期权，但总体上保证均等的 10 个仓位。这么做基于以下理由：首先，我的期权交易占绝大多数，而期权是概率游戏，因此适当分散从总体上可以避免小概率的坏运气带来的影响；其次，均等的仓位可以避免人为判断的失误。我在之前的很多交易中人为判断某只股票的表现可能会更好，因此加大了仓位，但往往事与愿违，所以现在学乖了，对未来的走势不做人为判断，只是预留足够的安全边际，均等仓位建仓。本书的读者首先要想清楚分仓位的目的，再根据各自的情况，制定适合自己的仓位策略。

6.4 加仓策略

加仓策略，通常是指在出现了一定情况后加大仓位。一般来说，常见的加仓策略有三种，分别是技术分析加仓、低估值加仓和确定性增高加仓。技术分析加仓是很多股票投资者用的方法，就是在股价实现某种技术突破后，为了跟随市场上涨趋势，从而继续购买、增加仓位。在期权领域也存在对股价涨跌的判断，也有人根据技术分析来判断股价的后市涨跌，从而做出是否对期权仓位进行加仓的决策。低估值加仓是在股价下跌、具有更大的安全边际后（通常低于期权建仓时的股价），继续买入或卖出相关期权合约，实现加仓。这么做是以价值为锚来最终决定仓位的增减。确定性增高加仓通常是动态的，并且要求交易者对公司基本面有比较深入的判断，本质上跟巴菲特和段永平先生的仓位理念相同。一旦确定性增大，就可以加大仓位。这么做是以确定性为锚来调整仓位的大小。比如，特斯拉完成产能爬坡，并在中国开始降价，基本面的确定性大大增加，此时就是一个非常好的加仓机会。对于我个人来说，加仓策略用得比较少，主要是因为我按照 10 个均等仓位进行交易，主要涉及建仓策略。在建仓完成后，除了在优质公司被严重低估时，我可能会用 1 个仓位进行加仓以外，其他的时候我加仓策略用得比较少。

6.5 平仓策略

平仓策略，也可以称为减仓或卖出策略，主要告诉我们什么时候卖出、如何卖出。一般来说，对股票交易而言，交易者基本上会出于这么几点实现卖出：第一是股票基本面发生变化，即变糟了；第二是发现了原先买入股票时未曾发现的认知错误，即买错了；第三是卖出股票后，资金有更好的用途，通常是发现了有更大安全边际和上涨潜力的优质公司，即有新欢了；第四是原先的仓位超过了预定仓位目标，要进行仓位结构的调整，也就是超配了。除了这四点以外，交易者通常不会根据股价的涨跌进行仓位调整，这也是为了剔除人为判断。

期权的平仓策略会略有不同。首先，如果你是买入看涨期权策略，有较长的行权时间，并且对公司基本面和估值有非常大的确定性，你就可以不在乎短期的股价涨跌，以既定的风险（权利金）对赌未来的巨大涨幅。其次，期权是有时间限制的，时间价值是在流逝的，尤其是在期权即将到期的 1～2 周内，要特别关注期权的方向性风险、量级风险和时间价值衰减风险。具体来说，如果你是卖出看跌期权仓位，并在还有一周到期时，实现了 85% 以上的收益，那么这个时候你可能就不需要平仓，因为期权已经深度虚值，很可能会无价值地到期，不做平仓交易，还可以省下一笔交易费用，只需要密切关注股价变动，耐心等待即可；如果在还有一周到期时，期权只实现了 50% 的收益，你就要考虑适当减仓了。为什么呢？因为股价实际上没有完全按照我们预期的方向运动，否则理论上应该实现盈利 80% 以上才对。这个时候有两种选择：如果是保守的交易者，可以选择全部平仓，以获利了结；如果仍然对头寸有信心，但同时也想减小风险敞口，可以选择平仓 50% 的仓位，实现一部分盈利，同时留下了 50% 的仓位，因为也有可能我们的担心是多余的，我们的判断可能出现了误差，保留一部分头寸可以让我们在剩余的头寸中实现更多的盈利。如果在还剩一周到期时，期权只盈利了 30% 或是更少，毫无疑问应该全部平仓。为什么呢？按照我们介绍的卖出看跌期权七步法，交易者卖出的应该是虚值期权，此时只盈利了 30%，说明股价很可能在向平值期权的方向运动，而平值期权在临近到期日时，其 Gamma 具有最大值。Gamma 实际上代表了量级风险，通过 Delta 作用于股价，换句话说，在临近到期日时，股价的变化对于期权价值的影响是十分巨大的，股价的微小变化就可以让盈利仓位变为亏损仓位。是非之地不可久留，在这种情况下迅速离场、获利了结、不恋战，是最好的选择。如果还剩一周的到期时间，卖出看跌期权仓位亏损，又该如何？如果是完全按照我们前面介绍的卖出看跌期权七步法来建仓的交易，并且有足够的现金，这个时候交易者可以耐心等待期权行权，实现以合理价格持有优质股票的目的；也可以对原有策略打些"补丁"，比如适当卖出看涨期权，形成卖出宽跨式期权的仓位，收获权利金，实现部分现金补偿。

大家可以看到，期权交易的平仓策略，与股票平仓条件（变遭了、买错了、有新欢了、超配了）还是有相当大的不同。期权的平仓策略更多的是在确定性、风险敞口、盈利三者之间的一种权衡。在减小风险敞口的同时，交易者通常可以保留一部分仓位，为自己的判断错误留出余地。这些平仓的分析要点，不仅适用于单纯的买入看涨期权或是卖出看跌期权，还适用于其他各种策略。

6.6 风控策略

我们说期权交易本质上是个概率游戏——对股价涨跌、涨跌范围进行概率预估（对应期权的行权价），并对概率进行定价（对应期权的权利金），从而实现交易。在概率游戏中，第一是要避免小概率的坏运气造成的大损失，第二是要尽可能留在游戏当中，避免损失过大而爆仓出局。以我们前面重点介绍的卖出看跌期权策略来说，其胜率比较高，在这个游戏中的时间越久，该策略对我们越有利。唯一需要注意的就是风险控制。

一般来说，买入期权不存在爆仓风险，主要风险来自对公司内在价值、股价下行与上行风险以及期权价格的判断。也就是说，对于期权买方来说，这是赚多赚少、亏多亏少的问题，不存在被指派的风险，也不存在被强制平仓（即爆仓）的风险。在交易前，如果能够制定稳妥、合理的仓位策略，期权买方的风险是比较容易控制的。

我们重点讨论一下期权卖方的风险控制。

期权卖方，在国内有些书中翻译为"立权"（write option），实际含义就是，期权合约的权利是期权卖方创设出来，并卖给期权买方。卖方既然是权利的创设人，就要承担相应的履约义务。当卖方的现有资产状况接近不能履行合约义务的时候，券商就会强制平仓，站在期权卖方的角度，就是所谓的爆仓。如果我们要控制期权卖方的爆仓风险，第一，也是最重要的，是选择期权行权价和仓位大小。我们在第 5 章讨论波动率的时候，已经详细说明如何用隐含波动率来计算理论上市场给出的可能价格范围，这个时候交易者首先要确认自己可以接受的风险程度，来选择合适的行权价，亦即选择交易的胜率；其次交易者要明白，仓位决定生死。最保守的交易者，在卖出看跌期权时会保证，即使所有期权被行权，自己的账户现金也不至于为负。在这种情况下，永远不可能有爆仓风险。卖出看涨期权的情况更为复杂，因为看涨期权空头仓位被行权是以特定价格卖出特定股票，相当于做空股票、收到现金，因此并不能用账户现金余额来判断爆仓风险，而要通过保证金水平来实时了解仓位风险。比如，一位保守的交易者卖出看跌期权，需要有 3σ（即正负 3 倍标准差）概率的获利空间才会进行交易，也就是说按现有市场给出的隐含波动率，在期权到期日时交易者要有 99.7%以上的概率是赚钱的——这是一个相当大的获胜概率，足以说明交易者比较保守。那么交易者选择的行权价就应该是在 3 倍标准差以外的价格，才能满足交易者当下的风险要求。比如，我们以特斯拉为例，假设特斯拉现价 504 美元，其隐含波动率为 64.4%，对应的月度隐含波动率为 18.6%，那么一个月后特斯拉 3σ 概率的波动范围大约在 $504 \pm 504 \times 18.6\% \times 3$ 之间，即 223~785 美元之间。这个时候，如果交易者选择卖出看跌期权策略，且要求有 99.7%以上的获胜概率，那么他卖出的看跌期权的行权价就要在223美元以下（为简便计算，不考虑3σ之外的上行概率，下同）。同理，如果选择卖出看涨期权，同样要有99.7%以上的获胜概率，那么他选择的看涨期权的行权价应该在785美元以上。换句话说，交易者可以根据市场给出的隐含波动率，结合自己的风险承受水平，确定大致的行权价选择范围。而交易者选定的行权价就代表交易者对这笔交易胜率的判断。需要指出的是，无论交易者是否意识到了他在选择交易的胜率，并为这个胜率定价，他选择行权价的过程实际上都完全是在选择胜率，并为胜率定价，进行交易。行权价和仓位大小是风险控制的第一道关口，行权价的选择大概率决定了这笔交易是否会被行权；而仓位大小（即合约数量多少）的选择则直接决定了交易者是否能等到天亮，熬过黎明前最痛苦的黑暗。

第二，交易者可以根据卖出期权获取的权利金以及保证金影响，粗略估计一笔交易的效率。权利金可以看成这笔交易的收益，而保证金影响可以看作这笔交易潜在的成本或风险。对于卖出期权的交易者来说，保证金影响/权利金这个值越小，这笔交易的效率越高。通常来说，一笔交易的这个比值在10到15之间是比较合适的；如果比值超过30，说明这笔交易不是很划算，占用了比较多的保证金，但潜在收益并不高；如果比值在10以下，则说明这笔交易有利可图，比较有"油水"。但这个比值不能孤立地看，要和第一点的行权价选择相结合。我们假定一名交易者的主要目的并不是持有股票（尽管很多时候低价位持有优质股票仍是非常好的一个策略），而是通过收取权利金赚钱，因此他要尽量避免期权空头仓位被行权，那么交易的效率只有在不被行权时才有意义，所以效率指标的考量必须结合行权价的选择才是完整的。并且，通常来说，一笔交易的胜率越高，效率就越低。这很容易理解，无论是卖出看跌期权还是卖出看涨期权，交易胜率越高，行权价就越远，期权虚值程度就越高，权利金就越少，交易的效率就越低。这是我们从纯数学上和对期权隐含波动率的解释上来看待交易的结论，那么，有没有一些交易可以兼顾行权价的选择和交易效率呢？答案是肯定的，但需要交易者对交易标的（即公司的基本面）有比较深入的研究，对公司估值有比较可靠的把握，对股价下行空间有比较充分的预期。换句话说，就是对股价底部、顶部的判断比较准确。这个时候，未来的股价将不再呈正态分布，而是具有更大的向上或向下的空间。

第三，选择期权的到期日（即行权时间）实际上是对时间价值大小、时间价值衰减速度的选择。作为期权卖方，Gamma 实际上是我们的成本，而 Theta 实际上是我们的收益。期权合约的到期日越长，我们收获的时间价值越多；而 Theta 值通常来说在临近到期日时的几周内拥有最快的衰减速度，即赚钱速度最快。因此，如果我们想拥有最快的赚钱速度，就要选择到期日比较近的合约，比如一个月左右甚至更短的合约；如果我们想拥有更多的时间价值，就要选择行权时间更长的期权合约，比如两至三个月甚至更长时间段的合约，但赚钱的过程就相对比较长，每天收到的时间价值也相对比较小。除此之外，大家要知道，时间价值的影响是非线性的，行权时间更长的期权除了拥有更多的时间价值外，还有更高的波动率，其股价变动具有更多的可能性，所谓"夜长梦多"就是这个道理。对于期权空头来说，更高的波动率带来更大的不确定性，从而在实质上影响交易的胜率（赚钱的概率）。

有人说，只要胜率足够高，并且不爆仓，就可以了。这种看法有些片面。通过前面的分析，我们可以看到，期权卖方的风险控制实际上是在期权的行权价（交易胜率）、仓位大小（安全性）、行权时间（赚钱速度）、收到的权利金（资金效率）四个方面之间的折中和平衡。我们不是为了控制风险而控制风险，而是在可以接受的风险范围内进行交易盈利，风险控制从来不是目的，而是确保我们长期留在这个概率游戏当中的一种手段。如果有交易者对每一笔交易都要求 3σ 概率的胜率，那么他实现的胜率将会非常高，但盈利的金额就相对较小；如果这个交易者想将他的交易胜率提高到 4σ 概率，即 99.9937% 的获胜概率，那么他将获得几乎 100% 的胜率，但收获的权利金就会变得非常微小，甚至可以忽略不计，从年化结果来看，很可能就是银行基准利率水平。期权的风险控制实际上是多方面综合考量的结果，且没有统一的公式来表达这个风险。以我个人的交易经验而言，可以接受的交易胜率大致在 0.5σ 概率至 1.5σ 概率之间。查看概率分布表，并结合我自己四年多实盘交易的结果（85%以上的胜率）来分析，对我而言，已实现的风险水平大概在 1.04σ 左右。

每个交易者都应该选定自己的风险承受水平,并在这个承受水平之上,选择合适的行权价、行权时间以及合约数量,审慎地进行交易。

本节我们花费了较多的篇幅来讲期权的风险控制,这是因为确保风险可控,长时间地留在市场,对于期权交易者来说是最为重要的事情。投资无戏言,交易无小事。

6.7 交易心态

凡是交易之地,必是名利之场,股市、期市概莫能外。天下熙熙,皆为利来;天下攘攘,皆为利往。无数人的财富随着资金流动,此消彼长,与时俯仰。每年都能听到很多在股市、期市赚得盆满钵满,实现了财务自由的故事,还有很多动辄 10 倍、100 倍增长的传奇故事。诱惑真不可谓不大也。

在市场交易的人,如果没有一个良好的交易心态,面对巨大的市场涨跌,难免产生剧烈的心理动荡。很多亏损的买入、卖出交易,都是在心理崩盘后做出的,因此,预先建立好一个完善的交易心态体系就尤为必要。

一般来说,在各个古老的宗教和文明当中,都有类似的经验总结,比如基督教的"十诫"归纳起来就是:"不要……"对期权交易来说,我个人的体会是"六不要"。

1. 不要冲动交易。冲动是魔鬼,一点儿不错。很多亏钱的交易,都是事先没有考虑清楚,没有按照既定的交易体系认真遴选交易合约,从而一时兴起做出的交易决策。这些交易决策可能源于股价的突然上涨,可能源于某篇文章的影响,可能源于想赚更多钱的冲动,等等。不要冲动交易,耐心等待本垒打,等待好机会的出现,我们的收益率就可以得到明显的改善。巴菲特说,等待是最难的;芒格说,耐心才使我们成为合格的投资者——表达的都是一个意思。对于期权交易来讲,要等待那些拥有最佳风险收益比的交易。

需要指出的是,冲动交易通常发生在赚钱的交易平仓之后——交易者迫切地想开单进入下一笔交易,从而继续赚钱,但往往可能没有好的交易条件,故而交易者只能降低标准，为交易而交易，从而做出了一些不那么好的交易决策，最终导致亏损。从这个意义上说，财不入急门是非常有道理的。

2. 不要攀比别人的收益率。每个人的禀赋不同，境遇不同，知识背景、行业积累也都各不相同，所以，人比人得死、货比货得扔，千万不要攀比别人的收益率。熟悉芒格"人类误判心理学"的朋友应该很熟悉，嫉妒是人的天性之一，不要因为别人比自己收益率高，就按捺不住，从而做出有违自己交易原则的错误选择和判断。嫉妒会让我们变得焦躁不安，变得丑陋，因此要尽量避免攀比别人的收益率。芒格曾说，别人比你富一点有什么关系。此外，不要盲目崇拜收益率，关键要看收益率背后的故事，即交易者在做相关交易时承担了什么样的风险。你看到了非常好的收益率，背后有可能是交易者当时承担了相当小的风险，获得了非常高的收益；也有可能是交易者当时承担了极大的风险，但在随后的时间里，风险解除了或是变小了，才获得了极高的收益，这里面更多的是运气的成分。收益率背后的故事远比收益率重要得多。

3. 不要设定投资目标。这是塞斯·卡拉曼在《安全边际》(Margin of Safety) 一书中提到的一个观点：不要设定投资目标，因为设定投资目标无助于投资目标的实现。这真是既精辟又富有智慧。设定投资目标往往会给交易者带来压力，而在压力下，人往往会降低投资标准，做出错误的决策。正确的做法是建立交易体系，而非设定投资目标（比如每年盈利 50%），严格按照既定的交易策略来做交易，投资收益就是水到渠成的事情。

4. 不要为可有可无的收益下重注。对于期权交易来说，不下注似乎是不可能的事情。问题在于，我们交易的公司应该都是我们所了解的公司，你的确定性越高，你下的注就可以越大。理论上，如果你的确定性能达到 100%，你就可以将杠杆加到无限大。索罗斯的名言——确定性高的交易要直取咽喉，是一样的意思。但事实上，在投资和交易的过程中，没有什么事是 100% 确定的，我们只能根据相对的确定性来下注。而在空仓或是一笔获利的交易完成后，一些交易者容易做一些他们实际上并不十分了解的交易，而且有时候还会下重注，最后造成无谓的损失。大家要知道，财富很难积累，但很容易消灭。一定要看好自己的钱袋子，交易无小事，一定要慎之又慎。不要为了一些额外的收益，或是更高的收益，把自己的本钱都赔进去了。

5. 不要"贪多"。这里主要指的是期权策略，不要力求掌握所有策略，而要重点掌握适合自己交易风格的策略。换句话说，你究竟是要"一阳指"还是"七十二绝技"。练好看家本领，远远强过那些泛而不精的武功。以我个人经验而论，熟练掌握五六个策略，已经完全够用。用好这些策略并不容易，需要反复实践、总结、复盘、优化。当然，如果已经熟练掌握了五六个策略，也可以逐步扩展到其他策略。事实上，少数策略创造绝大部分收益，这应该是大多数交易者的常态，也是期权策略的二八定律和非对称性。

6. 不要"务得"。这里主要指的是不要追求短时间内的过高收益。我们说过，期权交易是概率游戏，所以不要指望和买股票一样——买了热门股，接着5个涨停。交易者首先要考虑的是"活下去"。通过严格的风险管理，持续地留在市场中，才是最重要的，不要指望一夜暴富。市场上的确有一夜暴富的故事，但很多人在追求一夜暴富的路上就已经消失了。"飘风不终朝，骤雨不终日"，短时间的指数级增长是不可持续的。全球经济的年增长率为2%～3%，发达国家经济的年增长率为1%～2%，发展中国家的年增长率为5%～8%，标准普尔500指数过去几十年的年均增长率为9%左右；巴菲特的伯克希尔-哈撒韦公司过去50年来的年均增长率为19%左右，这是股神级的业绩；除此之外，文艺复兴基金詹姆斯·西蒙斯（James Simons）的年化收益率约为35%，量子基金乔治·索罗斯的年化收益率约为20%，耶鲁大学捐赠基金的大卫·史文森（David Swensen）年化收益率约为16%，这些都是业内著名投资人。作为普通人，各位交易者自己预期的年化收益率是多高呢？虽然期权与股票可能有所不同，但收益率也不至于差得特别离谱。再说一遍，应该建立一个合理的预期年化收益率，但不要以这个收益率为投资目标，从而给自己压力，进而降低投资标准，或是降低交易遴选标准，最终做出错误的决策。

以上是一些经验总结。每个人的心得体会不同，交易者应当将自己的"十诚"写下来，贴在墙上，至少每天看一遍。2018 年 9 月 30 日，段永平先生在斯坦福大学与学生交流，连答 53 问，重申了自己的"不为清单"。这篇访谈在网上广为流传，读过之后，让人感触特别深。一些时候，我们是因为做对了一些事情而变得富有；另一些时候，我们是因为坚持不做一些事情，避免了或减少了犯错，而变得富有。想清楚做与不做，看清楚变与不变，你都能赚钱。

6.8 选股策略

前面七个小节大多围绕期权交易本身来讲，涉及交易过程中的方方面面。但实际上，对于交易标的选择，即对底层证券的选择，往往更为重要。交易技巧是教给我们的作战技巧，但在哪个战场作战，很大程度上决定了战局的日后走势。

坦白说，怎么选择股票是一门极为综合的学问。它往往要求选股人有一定的商业洞察，能理解某项生意的本质，同时能够察人所不察，理解这门生意的优势所在，最后还要有一定的财务基础，能大致估算公司的价值。其中还涉及对人性贪婪与恐惧的理解，对人群交易心态的把握，以及平和的心情和自始至终的理性思考。有人说投资是最后的博雅艺术（liberal arts），是很有道理的。

在如何选股方面，无数的投资大师写了无数的著作，广泛浏览大师的著作，可以让我们站在巨人的肩膀上。用他们的思路、视角、经验、教训来思考问题、指导投资，通过经年累月的积累和审慎的实践，一个人的选股能力肯定会逐步提高。这是一条正道，需要付出艰苦的努力和长时间的积累，或许还需要一定的悟性。想交易期权的朋友该如何在短期内提高自己的选股能力，从而使自己可以快速地进入期权交易呢？

在这里，我想介绍一对概念，这可能有助于期权交易者弄清楚自身定位，从而快速上手。对于期权交易者以及股票投资者来说，弄清楚自己属于原创型思考者（original thinker）还是派生型思考者（derivative thinker）是非常有必要的。现实中，绝大多数投资者都是派生型思考者，只有少数人可以达到原创型思考者的层面。这和一切的创新、创造类似，原创性想法总是少数，大部分作品是在原创性想法之上的改进、改良。创新需要灵感，需要积累，需要洞察，这和投资中的原创型思考者完全一样。好的研究，一定对一家公司有深刻的认识，能看到别人看不到的事实，从而提出让人眼前一亮的观点。换句话说，原创型思考者需要的是极为深刻的洞察力和无与伦比的创造力。对这种商业洞察，或洞见，有些人天生敏感，有些人天生不敏感；有些人通过后天学习可以快速积累、进化，有些人认知体系已定型，难以拓展新的知识。这就好比练武功，一个人一招一式按部就班地练习，坚持下去当然可以取得进步；有些人则坚持不下去，即便坚持下去，也并不能保证一定成为武林高手。武林高手大多天资颖悟，又得高人指点、大师亲炙，各种因缘际会，才成就一代传奇。大多数交易者和投资者一开始通常都是派生型思考者。与原创型思考者不同，派生型思考者最重要的能力是判断力（judgement）。这就是说，在没能成为原创型思考者之前，我们需要通过广泛的阅读，尽可能多地了解基本事实（包括年报、季报、新闻报道等）以及现有的原创型思考者的各种分析（可能是卖方研究，也可能是论坛交流），综合各种信息，从而做出相应的判断。这是一个借力使力的方法，可以使我们在刚接触一个行业、一家公司的时候，快速地了解相关情况，比如行业的驱动力、行业竞争格局、某个公司的竞争优势、市场上的主要观点等。我们可以让各种观点相互交锋，并结合我们已有的知识、经验，做出具体的判断。市场上的各类研究、各种观点，千千万万，到底哪些比较靠谱呢？这的确不易裁断。无论如何，看武林高手比武，总比自己成为武林高手，要简单一些。

提高判断力的方法有很多种，在这里，我想告诉大家的是，重视常识往往可以收到不错的效果。常识是我们生活中被反复验证过的一些东西，其最大的特点是可靠和持久。这并不是说常识永远正确，常识是随着时代的发展、技术的进步而不断变迁的。哥白尼时代的常识是地心说，经过天文观测的验证，地心说被推翻，有了日心说，随着观测手段的进步，我们发现太阳也非宇宙的中心，但哥白尼的"我们的观测位置不特殊"却保留了下来并被广泛验证，成为我们这个时代的常识。从这个意义上说，常识并非不能被挑战、被改变，但他们依然是我们必须认真面对的基本事实、基本框架、基本理论，如果没有强有力的证据，挑战常识往往会失败。

对于投资而言，常识可以帮我们过滤掉杂音，减少我们的决策成本，这一点对于派生型思考者来说尤为有用。我们不可能对所有行业都有充分的了解，很多时候要依靠基本的商业常识来判断行业、公司：首先，不是所有行业都具有同样的赚钱能力（非对称性），有些行业天然就易赚钱，有些行业使尽浑身解数，最多也就是盈亏平衡。最典型的例子就是纺织业。巴老说过，他这一生最大的错误就是收购伯克希尔，后者在他收购时是一家纺织公司。纺织业毫无疑问是个夕阳产业，即便再优秀的管理层，在一个夕阳产业，也是英雄气短、无力回天，形势比人强。其次，每一个行业都有数不清的公司和竞争者，有些公司天然就比其他公司具有优势。而对于这些公司，我们是可以通过生活经验和基本的商业常识判断出来的。换句话说，有些生意天生就容易赚钱，有些生意辛苦付出后也很难赚钱；有些人生下来就比别人聪明一些，有些人则愚钝一些；有些人生下来就是好看的小哥哥、小姐姐，有些人则样貌普通、泯然众人。在大千世界看似对称、对等的表面下，隐藏着深刻的非对称、非对等。投资，就是要找出好的行业、好的公司，静静地等待好的价格。在中国，你可能不是房地产从业者，但你一定听说过万科；你可能不喝白酒，但你一定听说过茅台；你可能没有买过平安保险的产品，但你一定听说过中国平安。常识可能不会让你一年翻十倍，但绝对不会让你犯大错。这就是常识的魅力，简单、管用、免费。除非你真的研究功底深厚，对某个行业或某个公司有高人一等的见识，能发现别人发现不了的事实，也就是说，除非你是原创型思考者，对自己的研究非常有自信，能找到有更好风险收益比的公司，那么常识对你来说就非常重要。常识可以将无关紧要的行业、公司过滤掉，让我们可以集中精力在优质公司上面。

常识通常比原创性研究赚得少吗？我看未必。常识让我们更聚焦，聚焦后关键要看懂，看懂了要"敢为天下后"。段永平先生的几大经典投资（网易、茅台、苹果），都是在真正看懂、理解之后，大手笔买入从而赚钱的。他并非第一个发现这些公司价值的人，因此他提出"敢为天下后"真的是一种看懂之后的自信。

常识往往代表了那些不变的东西，而要抓住变化的东西，往往需要有"见识"。就现代社会来说，技术变革、变迁会极大地影响人们的生活，从而改变人们生活的方方面面。了解这些技术变化带来的潜在影响，能预见未来，这在很多时候成为赚钱的快车道。能看懂电动汽车带来的变化，就不会错过特斯拉；能看懂程序化广告投放市场的变化，就不会错过 The Trade Desk；能看懂年轻人生活方式、娱乐方式的变化，就不会错过 B 站；能用五环外视角看懂中国人的消费，就不会错过拼多多。如果说移动互联网带动了一大批互联网科技公司的蓬勃发展，如 Facebook、Google、亚马逊、腾讯、阿里巴巴、字节跳动，等等，实现了人与信息的匹配、人与物的匹配、人与人的匹配，但仍然停留在生产关系层面的话，那么 5G 的到来将在生产力方面实现突破（芯片和通信技术），带来更加巨大的改变。如果能看懂 5G 带来的变化，很可能就不会错过费城半导体指数 ETF（SOXX）。

选股这件事，总的来说是"八仙过海，各显神通"，各种流派、各种方法，不一而足。关键在于要找到适合自己的风格，运用性之所近、力之所及的方法，进行选股实践。我们在本节中提出原创型思考者与派生型思考者，是为了让大家更好地明白自身的定位，以及这两类思考者的不同要求，以便大家可以快速了解一个行业、一家公司。常识可以帮我们迅速缩小围猎范围，聚焦于优质公司，并减少我们的决策成本。研究这件事没有捷径可言，合理运用常识可以提高我们判断的准确性。

本书的大部分内容，其实都在探讨期权的相关策略，以及为什么有些策略比其他策略胜率更高。策略好比外家功夫，尽是各种御敌招式，如果没有内功心法的支撑，顶多算是江湖上的二三流高手。那些真正登峰造极、开宗立派的高手，没有一个不是内外兼修、博采众长的。内家功夫是什么？内家功夫就是研究。研究的目的是发现价值，而价值是锚。相当一部分期权策略，都要求交易者对市场方向或股价波动范围有所判断。而只有对价值有比较充分的认识，才可以对价格运动方向做出相对靠谱的判断，才可以在市场没有按照预定方向运动时，不至于慌乱而做出错误决策。内功的修炼是一个长期的过程，在这个过程中，常识可以帮助我们起步，也可以使我们避免犯大错。内功修炼，贵在持之以恒、循序渐进，使自己处于一种持续进化的状态，要广泛阅读、不断进步。至于武功招式（期权策略），不胜在新奇，而胜在功力深厚，能从普通招式中见功夫。期权交易一样，关键在于对底层标的公司的研究究竟达到了什么地步，对公司的业务前景是否有真见解，是否能查人所不查、见人所不见。如果研究功夫确实过人，或是商业洞见过人，再使用期权策略，就好比武侠中的借力使力，像乾坤大挪移一般，能发挥出巨大的威力，赚得盆满钵满。但那些对公司有真见解、真认知的人，往往又不屑于期权交易的种种招式，反而直接买入股票或是以最简单的策略买入看涨期权，颇有些大巧若拙、重剑无锋的味道。

第 7 章　期权交易实盘复盘

前面几章给大家介绍了期权的基本知识、常见策略和交易体系，属于纸上谈兵。这套体系到底能否赚钱、效果怎样，还需要实践的检验。我从 2016 年 3 月开始，系统地使用期权策略进行交易，截至本书写作之时，整整 48 个月的时间，总的来说取得了还算过得去的成绩。芒格说，他喜欢读传记，从别人的经历中学习，避免那些同样的错误。在期权交易领域，可以肯定的一点是，你一定会犯错，而且会持续犯错，看一些别人的经验教训，可以降低犯错的概率，减小犯错的损失，也是非常重要的一种学习方式。本章会对我个人的交易做一个总结，一方面展示交易的具体情况，另一方面，更重要的是，总结那些重大失误、经验教训，让本书的读者可以少走一些弯路。

7.1　历史业绩与交易统计

我从 2016 年 3 月 1 日开始系统地使用目前的这套策略，截止到 2020 年 2 月底，整整 4 年的时间，或多或少能说明一些问题。下面是一些交易统计结果。

与各指数累计收益的对比，见图 7-1。

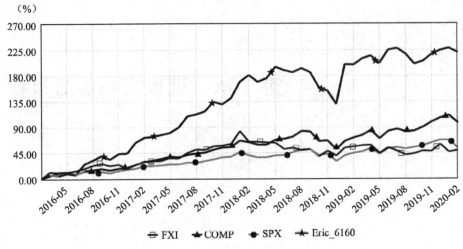

图 7-1 与标准普尔 500 指数、纳斯达克综合指数、富时中国 50 指数 ETF 累计收益对比图

这是我的个人账户（Eric_6160）与富时中国 50 指数 ETF（FXI）、纳斯达克综合指数（COMP[⊖]）、标准普尔 500 指数（SPX）自 2016 年 3 月以来，以月度为单位的累计收益对比图。48 个月以来，个人账户累计收益 220.13%，平均年化收益率大约是 34%；标准普尔 500 指数累计收益 52.89%，纳斯达克综合指数累计收益 97.07%，富时中国 50 指数 ETF 累计收益 49.00%。个人账户的最差收益月是 2018 年 10 月，当月收益 –9.21%，最佳收益月是随后的 2019 年 1 月，当月收益 30.39%。此外，在 2018 年 2 月全球普跌的时候，实现了逆势上涨（FXI：–10.35%；COMP：–1.73%；SPX：–3.89%；个人账户：4.6%）。2020 年 2 月全球股市因新冠疫情扩散大跌的时候，跌幅相对较小（FXI：2.32%；COMP：–6.22%；SPX：–8.41%；个人账户：–2.44%）。

如果分年看，有如下统计（见图 7-2）。

可以看到，除了 2018 年略微落后于纳斯达克综合指数以外，其余年份个人账户基本上都跑赢了各指数。2016 年的 38%，是全年收益率，如果考虑到

⊖ 此为盈透证券采用的代码。

2016年3月后才开始做期权策略，2016年3月至当年底的收益即为44.37%。YTD（year to date）指今年以来的收益率，具体指2020年1月1日至2月29日的收益率，由于包含了全球市场因新冠疫情扩散而大跌的这段时间，因此看上去比较惨。

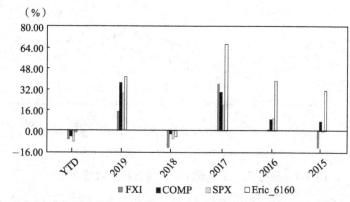

	YTD	2019	2018	2017	2016	2015
FXI	−6.81	14.87	−13.26	36.22	1.08	−12.93
COMP	−4.31	36.78	−2.81	29.73	8.97	7.11
SPX	−8.56	28.88	−6.24	19.42	9.54	−0.73
Eric_6160	−1.28	41.06	−4.50	66.75	38.00	30.83

图7-2　与标准普尔500指数、纳斯达克综合指数、富时中国50指数ETF分年收益对比图

我从2014年5月起，将其他券商账户转至盈透证券，而2014年5月至2020年2月的月度累计收益对比见图7-3。

大家可以看到，在做期权策略之前，我基本上处于摸索阶段，有一年左右的时间收益是负的（这部分的"坑"会在后面讲到）；2016年3月之后，处于一个基本稳定的上升通道。换句话说，期权策略的效果是比较明显的，经历了四年的实践验证。

我们知道，如果只看整体收益，很多时候是没有意义的，因为交易可能承担了相对较大的风险，单位风险（波动）下的对比才更有意义。在上述时间段内，盈透证券的风险分析如下（见图7-4）。

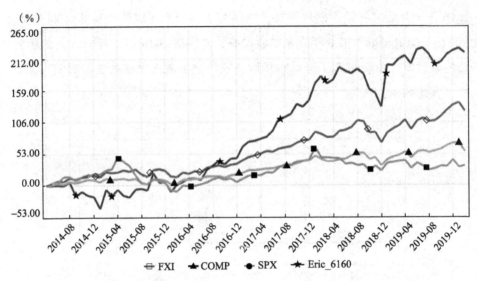

图 7-3 盈透证券账户开立以来与各指数收益对比图

Risk Analysis

	FXI	COMP	SPX	Eric_6160
Ending VAMI:	1,489.95	1,970.71	1,528.92	3,201.35
Max Drawdown:	24.40%	17.86%	13.97%	22.29%
Peak-To-Valley:	Jan 18 - Oct 18	Aug 18 - Dec 18	Sep 18 - Dec 18	May 18 - Dec 18
Recovery:	Ongoing	4 Months	4 Months	1 Month
Sharpe Ratio:	0.56	1.19	0.82	1.33
Sortino Ratio:	0.88	1.87	1.17	3.40
Calmar Ratio:	0.43	1.03	0.80	1.51
Standard Deviation:	5.22%	4.02%	3.46%	6.60%
Downside Deviation:	3.33%	2.56%	2.44%	2.57%
Correlation:	0.55	0.73	0.63	-
β:	0.70	1.19	1.20	-
α:	0.23	0.11	0.18	-
Tracking Error:	5.71%	4.60%	5.17%	-
Information Ratio:	29.97	26.76	32.35	-
Turnover:	-	-	-	2,448.85%
Mean Return:	0.97%	1.51%	0.95%	2.65%
Positive Periods:	31 (64.58%)	36 (75.00%)	36 (75.00%)	33 (68.75%)
Negative Periods:	17 (35.42%)	12 (25.00%)	12 (25.00%)	15 (31.25%)

图 7-4 期权交易与三个指数的风险分析

Max Drawdown 是最大回撤。我个人账户的最大回撤是 22.29%，发生在 2018 年 5~12 月。当年下半年美国市场带领全球市场大幅下跌，造成了这个结果。我当时预测 Facebook 财报表现优秀，故而卖出了 10 张 192.5 美元的看跌期权合约，2018 年 7 月 26 日 Facebook 财报不及预期，且全球活跃用户数量停止增长，开盘后股价最多下跌了 20%，当天 Facebook 市值蒸发 1200 亿美元，成为美国历史上一天市值蒸发最多的个股，随后该仓位被行权。紧接着 Facebook 又爆出泄露隐私、影响美国总统选举等一系列问题，市场情绪相当悲观，到年底股价一路下探到 130 美元左右。但在 2019 年，股价强势反弹，我的个人账户净值也随之反弹。所谓盈亏同源，大概就是这个道理。

Peak-To-Valley 在这里指的是最大回撤波峰到波谷的时长。因为 Facebook 的仓位，这个时间持续了半年左右。

Recovery 是从波谷净值恢复到波峰净值所用的时间。如上所述，盈亏同源，随着 Facebook2019 年大幅反弹，净值恢复只用了一个月的时间。

Sharpe Ratio 是夏普比率，这个大家应该相当熟悉，它用于衡量单位风险（波动）带来的收益。统计显示，个人账户该比率在过去四年当中明显高于富时中国 50 指数 ETF、标准普尔 500 指数，略微高于纳斯达克综合指数，也就是说，在相同单位风险下取得了更高的收益。

Sortino Ratio 是索提诺比率，这个大家可能有些陌生，其原理跟夏普比率基本相同，只不过它衡量的是单位下行风险（波动）带来的收益。对于夏普比率来说，单位风险（波动）有可能是上行风险（净值向上波动），也可能是下行风险（净值向下波动）。而对于投资者来说，上行风险是有利的，下行风险才是不利的，因此一些具有明显上行波动的投资组合会在一定程度上减小夏普比率，而索提诺比率就主要针对这一点进行了改进。索提诺比率只衡量对投资者不利的下行风险带来的收益，因此相对夏普比率来说，更能体现投资组合的实际收益水平。四年来，个人账户的这个比率显著高于三个指数，也就是每单位下行风险创造了更多的收益。

Calmar Ratio 是卡玛比率，用于衡量单位最大回撤带来的收益，通常用过去三年的最大回撤和平均年化收益率来计算。可以看出，虽然个人账户的最大回撤相对于三个指数高了一些，但其单位最大回撤带来的收益高于三个指数。

Standard Deviation 是标准差，指所有月度收益值的标准差，用于衡量所有月度收益对均值的偏离程度。个人账户的标准差最大。综合来看，可能是更多的向上波动所致。

Downside Deviation 是下行波动标准差，指所有负月度收益值的标准差。个人账户的这个值与标准普尔 500 指数、纳斯达克综合指数相近，略小于富时中国 50 指数 ETF。

Correlation 是相关性指标，用于衡量投资组合与特定基准之间收益的相关性。正值表明强相关，负值表明弱相关。我的整个投资组合与纳斯达克指数相关性较高，标准普尔 500 指数次之，富时中国 50 指数 ETF 最弱。

β 指投资组合相对于特定基准的波动性或系统性风险。我的相对于标准普尔 500 指数、纳斯达克综合指数的波动性几乎相同，相对于富时中国 50 指数 ETF 的波动性较低。

α 指投资组合相对于特定基准经风险调整后的超额收益。上述统计表明，我的投资组合相对于富时中国 50 指数 ETF 的超额收益最多，标准普尔 500 指数次之，纳斯达克综合指数最少。从绝对收益上看，三个指数中纳斯达克综合指数最高，标准普尔 500 指数次之，富时中国 50 指数 ETF 最少，可以互相印证。

Tracking Error 是跟踪误差，主要用来衡量投资组合对特定基准的偏离程度。这个指标对基金来说较为有用，个人投资者如果不是要模拟某个指数的话，其意义不是很大。

Information Ratio 是信息比率，衡量的是经过风险调整后投资组合相对于特定基准的收益。

Turnover 是换手率，用于衡量一定时间内的投资组合的仓位换手情况。大家可以看到，我个人账户的这个比率高达 2448.85%，这是由于期权交易要不停地开仓、平仓、到期、再开仓、再平仓、再到期，它也很能体现出期权交易的特点。

Mean Return 是平均月度收益率。可以看出，个人账户的平均月度收益率较指数有比较大的提升。

Positive Periods 和 Negative Periods 分别指正收益月份数量和负收益月份数量。可以看到，我个人账户的正收益月份数量高于富时中国 50 指数 ETF，低于标准普尔 500 指数和纳斯达克综合指数，主要差别在 2018 年下半年。这里可以明显看出，指数的好处在于不会受单只股票的显著影响，因此才可以比较全面地代表整体市场。

如果我们从各类工具的多、空头仓位来看，应该更能说明问题（见图 7-5）。

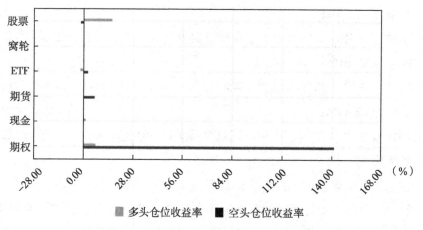

图 7-5　不同金融工具盈亏的多空仓位分析

可以非常清楚地看到，在过去四年里，我个人的大部分收益来源于卖出期权，买入期权只贡献了一小部分收益。此外，买入股票和卖出期货分别贡献了部分收益。卖出期货主要是在各次恐慌行将结束时卖出 VIX 期货，是非常有限的几笔交易，大概率是投机，但幸运的是都赚了钱。因为是纯投机，所以我现在已经很少做了。ETF 部分，是当时过早抄底中国资产，使用了杠杆 ETF，后来想出近乎无损的对冲策略，因此被行权后多、空盈亏基本相同。

客观地说，以卖出期权为主要策略，从实践上看是可以盈利的，并且能取得不错的成绩，但经过四年的实践，我认为这个策略在某些方面略有不足，后面会详细谈到。

如果单看期权交易，所有期权交易的胜率是多少呢？盈透没有提供直接的统计工具，通过笔者对年度报表的人工统计，大致是如下结果（开仓和平仓合并算作一笔交易）。

在 2016 年 3 月至 2020 年 2 月的四年时间里，期权交易共计 1062 笔，盈利 931 笔，亏损 131 笔，整体胜率为 87.66%。

如果分年看，结果如下。

2016 年 3 月～2017 年 2 月：期权交易共计 87 笔，盈利 76 笔，亏损 11 笔，胜率为 87.36%；

2017 年 3 月～2018 年 2 月：期权交易共计 132 笔，盈利 113 笔，亏损 19 笔，胜率为 85.61%；

2018 年 3 月～2019 年 2 月：期权交易共计 278 笔，盈利 246 笔，亏损 32 笔，胜率为 88.49%；

2019 年 3 月～2020 年 2 月：期权交易共计 565 笔，盈利 496 笔，亏损 69 笔，胜率为 87.79%。

这个统计结果至少有以下几点重要意义：

第一，总体上保持了四年的高胜率，至少在 85% 以上，说明这套策略是可行的，高胜率不是说说而已，从理论到实践都得到了验证。

第二，四年来，胜率相对来说比较稳定，一直保持在 85% 以上，说明策略的可靠性和稳定性比较好，可以长期、重复使用，因而这种交易策略和技巧是可以通过学习掌握的，换句话说，业绩并非依靠运气或是偶然因素，而是有以致之。

第三，这些统计建立在所有平仓交易之上，也就是说，所有收益都是已实现收益，这些盈利交易带来的已实现收益是账户净值持续增长的基础。换句话说，不断卖期权（不断"承保"）带来的收益，源源不断地落袋为安，成为已实现收益（保费收入）。

第四，为什么四年来，胜率基本相同，但账户的年度收益却不同？首先，这是由于后两年的交易更趋谨慎，也就是说在交易标的的选择上，我（事先）要求了更高的胜率，一些可做可不做的交易就放弃了，因此虽然交易胜率没有明显提高，但交易背后承担的风险更小。要求了更高的胜率，自然会降低权利金收入，这一点不难理解。其次，由于 2018 年 Facebook 期权被行权后的持股浮亏，虽然当年做的期权交易胜率和往年不相伯仲，但账户净值仍有很大可能受到当时持仓浮亏的影响。因此，尽管几年来的交易胜率都大致相同，但每年账户的净收益却各有差异。但无论如何，这些持续积累的已实现收益成为账户净值持续增长的基础。

从整体上看，这四年来相对来说是比较顺利的，除了 2018 年踩了一个百年不遇的大雷（Facebook 当日成交额 300 亿美金，也创了历史纪录），导致了六个月左右的回撤以外，总的来说还是让人满意的。尤其值得注意的是，因为采取了非对称、高胜率的期权策略，整体账户的单位下行风险的收益率（即索提诺比率）明显高于三个指数，从而也实盘验证了非对称视角策略的有效性。

7.2　重大失误与前车之鉴

如果只看历史业绩，过去四年似乎差强人意；但如果看看那些亏损的交易，真的是不堪回首。历史业绩的背后，就是一部血泪史啊！赚钱很重要，不亏钱更重要，认真回顾过去四年亏钱的交易，大的错误大致可以分为四类，写下来供大家参考，同时也是给自己一个警示。

第一是不该投机，尤其是对自己不熟悉的领域。2016 年，我投机了黄金（GLD），亏了一笔。事后想明白了，大宗商品的价格受多种因素影响，尤其是像黄金这种具有避险属性、抗通胀属性的产品，其价格可能受宏观经济展望、预期通胀率、利率、石油价格、央行黄金储量、黄金消费以及股市情绪多方面因素的影响，没有哪个公式、机构或是人能够准确预判黄金的价格走势。巴菲特和芒格一直强调，黄金没有现金流，因此买黄金不是投资。看看这些年金价的走势，黄金的避险属性在逐步弱化，很多金融衍生品可以更好地对冲金融风险。自这笔交易之后，我这几年再没碰过黄金。这笔交易虽然亏了钱，但至少让我得到了一点教训，那就是如果对大宗商品没有深入的研究，最好还是不碰为好。另一笔失败的投机，是在 2017 年特斯拉公布财报后做空特斯拉。当时，财报公布后，盘前下跌了不少，因此我以开盘价卖出做空，没多久发现自己判断错误，迅速买入平仓，但仍亏了不少钱。这里得到的教训是，开盘前和开盘后，市场的判断可能并不相同，如果要做空，最好等到开盘后再进行。此外，根据我这几年的观察，由于美国市场 90% 以上的交易都是由程序完成，因此如果很多公司的季报未达预期，当天就会形成缓慢的震荡下跌走势。一旦这种趋势形成，做空大概率就是赚钱的（仅限当天做空、当天平仓）。我后续的少数几笔做空都赚到了钱。这是纯投机，请大家注意这个经验的局限性和有效性。

第二是不该轻易买入看涨期权。最早在 2014 年的时候，我买入了迪士尼（DIS）的远期看涨期权，最后亏了钱。这是为什么呢？在这笔交易之前，我也买过一些看涨期权，而且赚了钱，但事后看，这基本就是在赌运气。虽然买的都是好公司的看涨期权，但好公司短期内的股价仍然是难以预测的，因此那些看涨期权能赚到钱，很大程度上是随机的，或是说运气成分居多。只有对标的公司有深入的研究，同时对公司的价值有比较准确的判断，买入看涨期权才是一个合适的策略。在股价的下行风险相对有限的情况下，买入远期看涨期权才是一个风险和收益非对称的好交易。交易者在什么情况下喜欢做买入看涨期权的策略呢？就我的经验而言，在一直赚钱的时候，交易者往往会手痒，觉得自己无所不能，想通过买入看涨期权赚更多、更快的赚钱，但结果往往事与愿违，乘兴而来，败兴而归。知道自己能力的边界非常重要，包括自己的研究能力、判断能力。如果非常自信，买入看涨期权当然是可以尝试的；如果没那么自信，买入看涨期权就是赌一把。如果要赌一把，千万不要把身家性命放了上去，小赌怡情，控制好金额就好。财富很难积累，但很容易消灭。当看到到手的钱被一点点吃掉的时候，体会尤其深刻。也是在此之后，我渐渐发现，如果没有深入研究，期权买方赚钱基本靠猜，于是慢慢开始尝试做期权卖方。交了这个学费，还是收获了一些心得。

第三，对好公司做卖出备兑看涨期权策略亏了钱。也是在 2017 年，在卖出看跌期权被行权后，我持有了亚马逊的股票，随后做了几笔卖出备兑看涨期权策略，行权价在 1000 美元左右，想减轻一下持仓成本。刚开始都赚了钱，最后两笔开仓不久，亚马逊股价急剧上涨，这个时候卖出的看涨期权就处于浮亏状态了。权衡之后，我对看涨期权进行了平仓，随后股价持续上涨，因此，虽然在看涨期权上亏了不少钱，但在股票上赚得多。这是一个典型的因小失大的例子。当时我面临的选择，要么是对股价急剧上涨坐视不理，心甘情愿赚到看涨期权的权利金，以及有限的股票上涨收益；要么就像我当时一样，选择对看涨期权平仓，继续享受股价上涨的收益。但平仓是有风险的，因为股价有可能随即回落，相当于左右打脸，在看涨期权上平仓亏钱，同时股票也没赚到多少，这就得不偿失了。因此，如果做了卖出备兑看涨期权策略，在股价上涨时，其实面临的是一个两难抉择。对好公司的股票做卖出备兑看涨期权策略，虽然可以赚到小钱，但很容易错失股价上涨带来的收益。略加思索就可以发现，卖出备兑看涨期权的收益实际上是短期利益，持有股票的收益是长期利益，交易者在做这个策略时要考虑清楚，自己到底是要短期利益，还是长期利益。目标清晰，才能有相应的策略。像我当时那样，实际上就是没想清楚，临时平仓看涨期权某种程度上是赌一把，尽管最后赚了钱，但实际上是有潜在风险的。因此，这个策略偶尔用用是可以的，经常用，可能会得不偿失，捡了芝麻丢了西瓜。如果一定要用，那最好留有充分的上涨空间，而收到的权利金就会相对少一点。

第四，没能拿住好股票，这一点教训尤其深刻。奈飞（NFLX）、苹果、特斯拉，无一例外，都是在获利后被震下车。客观地说，这一点可能和之前做期权交易有关，期权交易更习惯短期的开仓、平仓，因此更容易关注短期。但股票不同，在低估的时候持有好公司，无论如何都是非常好的策略。虽然在低估时卖出看跌期权能赚钱，但这种机会在好公司被低估时却不常有，一旦市场情绪变化，股价立刻上涨，就难以回到原来的低估价位了。在低估时做卖出看跌期权策略，获利是有上限的，而在低估时持有股票，则可能享受股价持续上涨带来的收益，有开放式的盈利空间。尤其是当市场情绪突然转变，低估价位可能就再难回去了，这时候的股价上涨几乎是无风险的，所以在低估时持有股票具有极佳的风险收益比。因此，从机会的稀缺性上看，在低估时持有股票无论如何都是一种很好的策略。期权交易者在持有股票时应该转换思维，在合理价位买入后应坚定持有。

这四大错误，事后说起来都是云淡风轻、头头是道，但当局者迷。一方面是当时没想清楚，另一方面是很大程度上受市场情绪影响，没能做出正确的判断。这些经验，可以说都是我一个坑接着一个坑地跳，付出了昂贵的学费，鼻青脸肿换回来的真切体会。殷鉴未远，希望本书的读者可以从中吸取教训，毕竟这些教训对于大家是免费的。不过即便如此，永不犯错大概也是不可能的，因为我们大家都是凡人，只是希望我们在借鉴了别人的经验、吸取了别人的教训后，犯错的频率能小一些，造成的损失也会少一些。如果能达到这个目的，这部分的"自曝家丑"也就具有了积极的意义。

7.3 开启交易之路的忠告

有些朋友可能已经开始了期权交易，有些可能即将开始期权交易。本节内容可以作为"开赛"前的临场忠告来阅读。

第一条忠告：不要急，保持良好的心态。无论是投资股票还是交易期权，市场参与者每天都要面对价格的涨跌起伏，每天都能看到周边的朋友赚钱或亏钱，因此，一些人每天都在后悔昨天为什么没有做出决策买入或卖出。一定要避免这种焦虑的心态，市场涨跌起伏再正常不过，即便错过一次，后续机会也永远存在，不要在焦躁的情绪下做交易。之前读到过一个例子，一名在读博士，某一年碰到家中事情不顺，自己科研进展缓慢，再加上一系列的霉运，成天闷闷不乐，心情抑郁。导师看到他这种状态，找他谈心，告诫他无论如何必须开心起来。开心才会有创造力，开心才会使自己的知识储备有最大限度的发挥。他恍然大悟，开始调整自己的情绪、心态，逐步走上正轨。

我觉得做交易也是一样，面临着无数的诱惑，必须使自己尽量保持一颗平常心。只有在轻松愉悦的心情下做交易，才有可能发挥最佳水平，一旦心情紧张，或是面对压力，就会极大地增加出错的风险。笑看股市涨跌，耐心等待机会，从容下单交易，晚上安心睡觉。

第二条忠告：审慎选择行权价。这里我想举一个例子，也是一种技巧。我们在做期权交易的时候，经常会看期权的 T 型报价，可以通过观察异常来发现交易机会。我们知道，B-S 模型虽然有缺陷，但大体上可以给出期权的定价，不过在观察 T 型报价的时候，我们经常会发现一些定价错误，这些错误过于明显，甚至不能用 B-S 模型的瑕疵来解释。这个时候，有可能是市场失灵导致报价出现了异常，如果多加留心，就可能发现相应的交易机会。我近期的一笔交易刚好可以说明问题。2020 年 2 月 21 日，因为疫情全球扩散的原因，美国市场刚开始调整，这个时候完全没有想到随后的一个月会有 35%左右的跌幅。这么短的时间、这么大幅度的调整，已经直追金融危机。2 月 21 日，我就像往常一样寻找合适的交易机会。当天特斯拉的股价在 900 美元左右，隐含波动率为 90%，我一路往上翻（T 型报价是按价格由低到高，从上而下排列的），看到 3 月 20 日行权价为 265 美元的看跌期权报价为 0.35 美元，我的直觉告诉我可能出现了明显的定价错误。因为当时股价为 900 美元，一个月后看跌期权的行权价为 265 美元，也就是说股价要在一个月内从 900 美元跌至 265 美元以下看跌期权才可能被行权，这个跌幅达到 71%。而特斯拉产能爬坡已经突破，产量和交付量都跟了上来，同时其中国产品已经开始降价，一系列利好事件促使特斯拉的股价有了巨大涨幅。即便考虑到目前很可能已经高估，但是一个月内跌去 70%的市值，对于一家市场非常看好的公司来说，用常识判断也是一个小概率事件。所以，通过初步判断，我认为这个看跌期权的价格被高估了。接下来，我用 B-S 模型验证，将相关数据输入模型，算出这个看跌期权的价格为 0.000 016 美元。也就是说，如果按照期权定价模型来计算，这个看跌期权应该是非常便宜的，便宜到其价格几乎可以忽略不计，所以市场上 0.35 美元的报价毫无疑问是异常报价。当时，我就是基于上述判断做的交易。市场上有 15 张 0.35 美元报价的合约，我随即卖出

15张合约，全部成交。成交后发现，仍然有15张0.35美元报价的合约，于是我再次卖出15张合约。这次卖完后，终于没有0.35美元的报价了，报价立刻变为0.10美元，这个权利金相对来说太小了，交易的性价比不高，因此我总共持有30张行权价为265美元的看跌期权空仓合约。随后的一个月，市场开始十年不遇的大跌。特斯拉因为前期涨幅巨大，最低跌到350美元，跌幅达61%。因为市场恐慌情绪加大，我这笔持仓的隐含波动率高企，并随着特斯拉股价下跌一路浮亏，保证金要求也迅速扩大，一直到到期日的前一天，也就是3月19日，才开始盈利，并在3月20日实现全部收益。站在波动率的角度重新审视当时的交易，可以看到，当时选定的行权价对应的大约是一个2.75σ概率事件，隐含波动率暗示的胜率是99.7%左右，只有0.3%的概率股价会跌破265美元。正是由于初始条件胜率相当高，才确保了在十年一遇的大跌中，这笔交易仍然能全身而退，并最终全部盈利。尽管如此，由于股价的大幅下跌，以及市场恐慌情绪带动隐含波动率高涨，这笔交易的保证金成倍上涨，大约是初始保证金要求的20倍。这真的是一场惊心动魄的盈利！如果让我再选一次，必定不会做这笔交易。不过，在当时的情况下，真的难以预料一个月内指数会回调35%，即便是2008年金融危机也是几个月才有这么大的跌幅。当然，这是一个非常极端的情况，我在这里举这个例子，主要是为了说明如何通过观察报价异常发现交易机会。此外，因为T型报价是按照价格高低依次排列的，因此无论是看涨期权还是看跌期权，其报价都具有数值大小的连续性，比如随着股价的降低，其看跌期权价格或许会出现5.2、4.8、4.3、3.9、3.5等数字，这就没有异常。但如果中间的4.3突然变成6.1，打破了价格大小的连续性，那就大概率是异常报价了。这种机会市场上有很多，大家可以结合自己的观察，以及要求的交易胜率，审慎选择行权价进行交易。

第三条忠告：合理安排股票和期权仓位的比例，调节好现金余额。这条忠告来自股票低估时没有坚定持股的感悟，也是一直做期权交易的局限。因此，我现在觉得，合理的仓位应该由股票、期权、现金仓位共同组成。就我个人而言，股票仓位占20%~80%，大部分时候在40%~60%。在我过往的经验中，即便是卖出看跌期权被行权，股票仓位也没有超过 120%。在市场被低估时，持有股票仓位是风险收益比极佳的一种策略。因为这个时候如果买入看涨期权，就要面临市场的不确定性，而预计市场何时会翻转很难，且时间价值会逐日衰减，给交易者带来损失；如果卖出看跌期权，收益就是有上限的，而且一旦市场情绪翻转，股价掉头向上，就很难再回到低估时的价位。也就是说，交易者应当合理使用股票和期权，不要画地自限，单纯交易期权或是单纯交易股票都不是明智之举，这些都是投资工具而已，要根据不同情况选择最合适的工具，或是选择自己最擅长的工具。我的习惯是账户通常留有 20% 左右的现金，原因有三：第一，我经常持有卖出看跌期权仓位，要防止被行权；第二，有可能随时发现好公司、好机会；第三，是为应对少数大跌后的抄底。现金，看上去是收益率极差的资产，当市场好的时候，没人愿意持有现金，但当你需要现金的时候，你唯一需要的就是现金。

第四条忠告：在中国内地、美国、中国香港三个市场寻找好的交易机会。我 2012 年开始在美国市场交易，主要标的是美国本土公司。当时并没有太留意中概股，原因在于，我一直觉得中国上市公司业务做得很一般。偶然的机会，留意到了一些在美国上市的中国互联网公司，才让我彻底改变原有认识。就目前的互联网公司而言，中国和美国是世界上仅有的两个超大经济体，其最大的特点在于国内市场统一、语言统一，尤其是中国，用户众多、市场庞大，极容易培养出世界级的互联网公司。即便是一些新兴的互联网公司，也有广阔的增长前景。发现错误后，要尽快掉头，认识到这一点，我就开始在中国内地、美国、中国香港三个市场寻找好的交易标的。此外，随着不断阅读和思考，我的认识也不断深化。就全球经济来说，日本虽然是第三大经济体，但增长缓慢，互联网公司与中、美两国更是不能比，年轻人愿意创业的少。在可预见的将来，日本仍然优秀，国民生活仍然富足，但是在一个经济疲软的股市投资，要获得超额回报不是那么容易。欧洲国家普遍有高福利，人民群众生活相对衣食无忧，但有些懒洋洋的。当然，从好的方面说，这的确是经济水平发展到一定程度后的生活，但欧洲人民普遍缺少中国人民赚钱的激情，也是不争的事实。加上国家众多、语言众多、文化习惯各异，欧洲没产生什么有影响力的世界级互联网公司。欧洲有些国家尚未走出债务危机，欧盟经济上的增长潜力也就是一般般，处于能过得去的水平。在我看来，在规模经济体中，未来 20 年仍有巨大增长潜力的可能是印度。第一，这个市场足够大，印度国内有相对统一的市场；第二，印度人民群众生活水平普遍较低，也就是起点低；第三，印度人口结构相当年轻，人力资源非常丰富；第四，印度拥有一个民主政体。当然了，问题也是一大堆，如宗教问题、女性问题、通胀问题、环境问题等。但如果我们以一个发展的眼光看问题，这些问题虽然都是障碍，但不致命，印度经济在未来 20 年很可能重复我国走过的经济起飞的那条路——保持一个相对高速的经济增长，因此印度市场是值得认真对待的。不过就目前的情况来说，印度资本市场还没有对外开放，外国投资者只能购买一些以印度公司为标的的 ETF。所以，总体上看，关注中国内地、美国、中国香港三个市场，留意印度市场，很大程度上可以覆盖全球最优秀的一批企业，同时可以兼顾增长最快的新兴市场。选好渔场，捕到大鱼的可能性就高一点。

第五条忠告：不要幻想一夜暴富。期权本身就带有杠杆，一些人买看涨期权，说白了就是看重期权的杠杆效应，想"赚得更快"。有一些让人津津乐道的策略，比如交易末日期权，完全就是相当惊险刺激地赌一把。我在这里想给大家的忠告是：看好自己的钱袋子。没有什么稳定可靠的技术可以使你一夜暴富，追求一夜暴富的人大多数下场不好。无论是投资股票，还是交易期权，都在于一点一滴的积累，股神巴菲特过去 50 年的记录也无非是每年 2 个涨停板而已，不要被超高的收益率和传奇故事所诱惑。找到自己真正擅长的，持之以恒，必定有所收获。此外，股市是一个认知变现非常有效率的地方，每一次交易都是一次认知变现，最终的收益率实际上体现了自己的认知水平。只有不断地阅读、思考，提升自己对公司、对市场行为、对策略以及对自己的认知能力，才能提高自己的收益水平。积累财富，从放弃幻想一夜暴富开始。

第8章　认知体系与投资

爱因斯坦说，一切都应当简化，但不应过分简单。期权交易可以很复杂，也可以很简单。我在本书中介绍的非对称视角，以及非对称视角下的期权交易，是我个人期权交易体系的基础。我基于一些简单但深刻的洞见，发现某些期权策略天然具有略高一些的胜率。反复使用这样的策略，审慎地控制风险，可以使我们的财富稳定增长。经过四年的实践，我认为这是一条可以走得通的路。此外，一旦你深入领会非对称性，整个世界就开始在你眼中重新聚合，你对外部世界可能就会有新的认识。

卖期权就是卖保险，本书系统总结了六种基础策略的"保险"性质和它们赚钱的难易程度。建议本书读者深刻了解和熟练掌握这些策略的性质和背后的逻辑实质，这是我们做期权交易的基石，后续的策略几乎都是在六种基础策略上演化而来的。所谓"万变不离其宗"，这六种基础策略就是"宗"，基本功掌握好了，后面的万千招式就无往不至。

期权的希腊值和波动率的相关概念，是知其然至知其所以然的必经之路。在期权交易入门之后，如果要登堂入室，希腊值和波动率就是绕不过去的内容。这部分内容初看起来可能略显复杂，不过多看几遍后是完全可以掌握的。至于隐含波动率和已实现波动率的相关交易，普通交易者涉及的比较少，感兴趣的可以继续深入探索，不感兴趣的也无大碍。毕竟，没听说巴菲特用中性策略赚了很多钱。

期权交易，本质上是个概率游戏，实际上是对股价的分布概率进行预估、定价及交易。本书介绍了两种方法来判断期权在到期日被行权的概率，第一种是 Delta 值法，Delta 值可以被近似认为是期权在到期日被行权的概率；第二种方法是隐含波动率法，以隐含波动率所暗示的波动范围，判断期权在到期日的行权概率。此外，我们有时能通过异常值法，快速发现那些有明显定价错误的期权合约。

对于主要在美国市场交易的国内投资者来说，美国市场提供了比较丰富的、标的为中国资产的 ETF，有宽基指数，也有板块指数，还有目前的沪深港通，对于想一站式投资全球的交易者来说，相关标的可以帮助投资者实现以美元配置中国资产的目的。我在本书中比较了国内沪深 300ETF 期权与美国的德银嘉实沪深 300ETF 期权的异同，对于主要在国内交易沪深 300ETF 期权、上证 50ETF 期权的朋友来说，美国市场上的沪深 300ETF 也是可以考虑尝试的一种标的。每个交易者的目的不同、风格不同，因此选择的市场和标的不同，关键在于自己擅长什么。除了了解市场、了解工具，更重要的是了解自己、客观地评估自己，这样才能做出正确的决定。

我认为，每个交易者都必须有自己的交易体系，但很多交易者其实没有意识到这一点。无论你交易的时间是长是短，也无论你赚钱与否，你都应该建立一套基于规则的交易体系。一套可靠的交易体系，可以确保我们在长时间内的交易行为受规则约束，而不至于出现太大的偏差。短期的市场因素（情绪亢奋）、运气（好运不断）都可能使我们赚到很多钱，但长期看，无论是市场因素还是运气，其统计上的期望值都应该接近于 0。只有基于规则的交易体系，才有可能使我们不被一时的胜利冲昏头脑，才能让我们长时间、安全地留在这个市场当中。交易体系可以不复杂，也可以参考别人的进行修订，关键是要有，并行之有效。

期权，工具而已，熟练使用工具可以提高作战胜率，但选择战场往往更重，而选择战场需要公司基本面研究。本书虽然整体上在介绍期权交易，但并不反对持有并交易股票，相反，我认为最后赚大钱的一定是那些对公司有深入研究的人，这也与我们的生活常识一致。

基本面研究是大学问，并不是一本书可以概括的。在这里，我更想提倡的是一种思维方式，即通过基本事实、基本概念、基本框架、基本逻辑解决问题的能力。芒格对所谓的跨学科方法赞誉有加，其最核心的要点就是借助其他学科的核心概念和解释框架。你并不需要成为结构工程师，但你应该知道"安全冗余"的概念，并了解它的具体含义；你也无须成为心理学家，但你应该了解"人会对激励做出反应"的心理模式，并且这种作用会持续存在。只有保持一个开放的心态，我们的认知框架才会越来越完善、越来越丰富。

事实、概念、框架、逻辑，其实是我们认知的一般过程。所有的认知都是以事实为基础，从事实中提炼出概念，用概念组成解释框架，靠逻辑从解释框架中推演出新的认知。其实，人文社科类的高等教育，其目的就是锻炼这四种能力：认定事实的能力、抽象概括的能力、建立体系的能力和逻辑推理的能力。每个人的经历不同，对世界的认知也千差万别。一个人是否有良好的认知能力，在于其能否依靠基本的事实和逻辑，来修正和拓展自己已有的认知。很遗憾，相当一部分人囿于情感、惯性或是僵化的思维模式，很难接受跟自己既有认知相反的观点，尽管这些观点很可能有坚实的事实基础和逻辑支撑。这很可能是心理学中"肯定自己过往倾向"的一种根深蒂固的表现，即不愿意否定自己。

一个人在学校学习的东西终究非常有限，一旦离开学校，无论是在研究中还是在工作中，面临的都是未知的世界，这个时候必须依靠认知能力获取新的、可靠的知识。事实上，我曾经以为随着信息技术的极大发展，像阴谋论这种论调会很快破产，但是后来我发现，阴谋论的信奉者大有人在，而且他们信誓旦旦，颇有"众人皆醉我独醒"的味道。看来技术手段的进步、资讯的发达并没有使他们聪明多少。技术进步像股价，可以长期向上，但有些人的认知能力却像隐含波动率，总在一定范围内波动，难以突破向上，也难以避免均值回归。一个人的高明之处不在于他知道多少别人不知道的东西——术业有专攻，各擅胜场而已，而在于他是否有一个开放、可靠的认知体系。这套认知体系可以不断拓展新的知识，并在事实和逻辑的基础上修订以往的认知。毕竟，这个世界没什么"放之四海而皆准"的终极真理。

投资，作为认知过程的一种集中体现，也需要不断发现事实、分析事实，进而得出新的认知。投资的过程，就是不断发现事实的过程。无论是对公司研究还是对期权策略，只要你能发现别人尚未发现的事实，你就具有了别人不具有的优势。以前，我们常说，人们在股市上赚到的钱无非两种，要么是公司成长带来的，要么是股价波动带来的。现在，期权时代多出来了第三种，就是时间价值的消亡。前两种几乎是尽人皆知了，后一种目前的传播广度与前两种不在一个数量级。第一种方法需要靠基本面研究、公司估值、长期持有；第二种方法简单说就是看线炒股、低买高卖，大多数人都能赚钱，但大多数人都不能将其变为一种可以持续赚钱的策略；第三种方法需要一些高胜率的策略，并辅以一些商业常识和商业洞见。本书主要是对第三种方法进行了一些探讨。

此外，投资者应当尽力避免极端的思维方式。芒格说过，要避免极端的意识形态，因为那无助于获得客观的知识和判断。对此我近来深有感触。前不久在一个微信群里和一群朋友闲聊，一位朋友在介绍他很有特点的读书方法时说，读书最重要的是看作者的立场，其次看观点与论据，如果立场不对，观点不可能正确。其实，每个人的经历和知识背景不同，因此对某段历史、某些事情的认知不尽相同，这是无可厚非的事情。但是这种读书方法有很大问题。先看立场、后看观点，很可能忽视了获得知识的过程。更为重要的是，它无法回避"读者是如何判断作者所持有的立场的"这个核心问题。读书是为了求得相对客观的知识，求得相对客观的知识需要以事实为基础、以逻辑为准绳，只有通过事实与逻辑，我们才能判定一本书到底有没有价值，一位作者究竟是什么立场。如果让预设的立场先入为主，就很可能无法获得客观的知识。换句话说，立场先行，很可能是读不进去书的，所读的书也会根据预先设定的立场被筛选，到头来不过是固化已有的认知而已，并不能实现认知的更新和扩展。所谓"信者恒信，不信者恒不信"，就是这个意思。进一步说，如果某种预设的立场经不起事实和逻辑的推敲，那这种立场究竟有何意义？如果我们以求得真理为第一要务，那么事实和逻辑就是最重要的，而非所谓的立场。无论是科学家，还是人文社科领域的研究者，都要对事实和逻辑负责。亚里士多德说过"我爱我师，但我更爱真理"，这才是一个开放的认知体系应该具有的特征。但现实往往不是这样，现实是"我的意见"远远比真理重要。否定了"我的意见"就是否定"我本人"，而否定了"我本人"，整个世界还有什么意义？至于真理，远没有那么重要。打开很多投资社交网站，或是投资交流群，有些人经常争得面红耳赤，更有甚者，恶语相向，恨不得大打出手，也是一道奇观。实际上，你不会因为别人不同意自己就是错误的，也不会因为嗓门高就是正确的。一个人只有撇开偏见（无论是自己的偏见，还是别人的偏见），依靠事实和逻辑来建构自己的认知体系，才是真正的强大。

人们在现实生活中会产生各种各样的认知偏见，一个人一旦被极端的意识形态所笼罩，就会不可避免地产生巨大的认知偏差。芒格的担忧大概是针对美国国情的有感而发。近些年美国极端的意识形态已经近乎将整个国家撕裂，进而选出特朗普这样的"极品"总统。极端意识形态的背后是无数受极端意识形态影响的个人和竞选生态。这届美国政府固然乏善可陈，但更主要的是这届美国人民群众不行，竟然选出这样的总统，一部分"山姆大叔"的认知能力实在令人担忧。

在投资中，我们的认知偏见主要是什么呢？大概是对自己的投资体系、所投资的股票过于钟爱，对自己不熟悉的流派过于鄙视，对自己不熟悉的领域难于理解。喜爱自己所拥有的，是人自我激励的重要组成部分，但过分喜爱，会使我们丧失客观判断的能力。一方面，这会使我们难以察觉自己投资体系的缺点，对自己持仓股票基本面的改变以及竞争对手基本面的改变缺乏敏感性；另一方面，这会使我们容易故步自封、抱残守缺，拒绝接受新事物，难以实现认知的进化。备受价值投资者推崇的巴菲特说，买入好股票后不需要卖，可以一直持有（buy and hold），但实际上他老人家没卖过的股票屈指可数；他老人家说衍生品过度繁荣是定时炸弹，却亲自下海卖期权，卖得不亦乐乎，而且至少在十几年前就这么干了；老人家之前说不懂科技股，但看懂苹果后，一路加仓为第一重仓股，随后又赚得盆满钵满。可见，巴菲特他老人家真的是灵活机动、从不死板、心胸开阔、与时俱进。此外，投资也需要移情。每个人的经历都是有限的、片面的，特别是受当下时空局限的，所以每个人很可能会对个人经历、认知之外的事情感到难以理解。这个时候就需要移情。移情就是换位思考，体验当事人在特定情境下的需求、感受，这不亚于打开一扇门、发现一个新世界。

保持一个平和理性的头脑、开放开阔的心胸、不骄不躁的脾气，对于投资来说是至关重要的，我甚至觉得其重要性超过了对公司和行业的研究能力。这些是我们做研究、做交易的"基础设施"、软环境，也是我们认知得以持续进化的原动力。研究能力可以由低到高逐步提升，但"基础设施"和软环境决定了我们的天花板所在。

最后，我想谈谈预期收益率。一个刚接触期权的人做期权交易，可以期待多高的年化收益率呢？我们在前面说过，设立投资目标无益于投资目标的达成。但是，由于期权交易经常开仓、平仓，我们可以通过计算月度可达到的收益率，来看看对应多少年化收益率。月度收益率为 1%，年化收益率为 12.7%；月度收益率为 1.5%，年化收益率为 19.6%；月度收益率为 2%，年化收益率为 26.8%；月度收益率为 2.5%，年化收益率为 34.5%。巴菲特的伯克希尔-哈撒韦过去 50 年来的账面价值年化增长率为 18.7%，股价年化增长率为 20.5%。什么意思呢？也就是说，如果可以控制好风险，能够持续保证 1.5%的月度收益率，就是股神级的水平。当然，这是最理想的情况，现实中，我们可能会面临各种各样的风险，有时候月度收益率可能远不止 1.5%，另一些时候月度收益率可能不足 1.5%甚至为负。一套高胜率的交易体系，其优势就在于，在风险可控的情况下，可以确保我们在长时间内拥有更大的胜率，尽管月度收益可能不高，但长时间的复利效应最终可以发挥出巨大的威力。我们要做的，就是控制好风险，尽可能长时间地待在这个概率游戏当中。我知道，1.5%的月度收益率大概很难入一些人的"法眼"，尤其是国内一些天天抢到涨停板的人。这里的问题是，收益率背后的逻辑远比收益率重要得多。靠运气在一年 250 多个交易日中抢到 52 个涨停板，平均一周一个，虽然很厉害，但长期看，运气的预期收益为 0。"时来天地皆同力，运去英雄不自由"，踏上巅峰和跌入谷底，都是分分钟的事情。那么，有没有人可以凭短线技术长期地战胜市场、跑赢指数，大幅获得超额收益呢？答案是：有。人外有人，天外有天，千万不要低估高手的存在，尽管这种可能性比较小。这种天天抓到涨停板、一年百倍的技术，最大的问题不是其不存在，而是其不可传。一种可靠的交易技巧，如果能对其他交易者产生实际价值，就必须是可传授、可重复、可扩展的。也就是说，这种技巧是稳定的，可以让越来越多的人学会，让越来越多的人产生越来越多的收益。我们每年都可以在市场上听到各种短线收益传奇，如果短线技巧是可以传授的，那么短线收益传奇的故事就应该呈指数级增长，靠短线发家致富的人应该越来越多，这是依靠基本事实和基本逻辑得出的基本结论。可事实并非如此，每年的确都有靠短线发家致富的人，但这部分人的人数和比例却是相对恒定的。换句话说，一年百倍的短线技巧"可防可控"，"未见明显人传人现象"。会的人终究会，不会的人学也学不会。从来没有看到过这种神乎其技的技巧有什么大规模的"人传人现象"。说白了，这种技巧是不稳定的，难以传授、难以复制、难以扩展。那么，如何看待1.5%的月度收益率呢？如果你读懂了期权高胜率交易的要点，实际上就已经将天地撕开了一个小口子，在天地初开的正反物质对撞中就已经多出了那么一点点正物质，在空空如也的量子涨落中就已经凭空生出了无限精彩。

少即是多。

两千多年前，邹人孟轲对学生说："君子引而不发，跃如也。中道而立，能者从之。"两千多年后，阿根廷人博尔赫斯写道："我将小径分叉的花园留诸一些后世，并非所有后世。"

愿与大家共勉。

参考文献

[1] 麦克米伦. 期权投资策略（原书第 5 版）[M]. 王琦，译. 北京：机械工业出版社，2014.

[2] 纳坦恩伯格. 期权波动率与定价[M]. 韩冰洁，译. 北京：机械工业出版社，2017.

[3] 纳坦恩伯格. 期权波动率与定价（原书第 2 版）[M]. 大连商品交易所，译. 北京：机械工业出版社，2018.

[4] 奥姆斯特德. 期权入门与精通（原书第 2 版）[M]. 刘文博，王德扬，朱罡，译. 北京：机械工业出版社，2013.

[5] 施瓦格. 金融怪杰[M]. 戴维，译. 北京：机械工业出版社，2016.

[6] 费雪，霍夫曼斯，周. 投资最重要的三个问题[M]. 谢天，译.北京：中信出版社，2014.

[7] 方三文. 您厉害，您赚得多[M]. 北京：中信出版社，2017.

[8] NATENBERG S. Option Volatility and Pricing：Advanced Trading Strategies and Techniques [M]. 2nd ed. New York：McGraw-Hill Education，2015.

[9] CORDIER J，GROSS M. The Complete Guide to Option Selling [M]. 3rd ed. New York：McGraw-Hill Education，2015.

[10] PASSARELI D. Trading Option Greeks [M]. 2nd ed. Hoboken：John Wiley & Sons，2012.

[11] SCHWAGER J D. Hedge Fund Market Wizards：How Winning Traders Win [M]. Hoboken：John Wiley & Sons，2012.

推荐阅读

  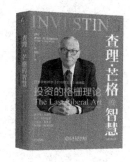

序号	中文书名	定价
1	股市趋势技术分析（原书第11版）	198
2	沃伦·巴菲特：终极金钱心智	79
3	超越巴菲特的伯克希尔：股神企业帝国的过去与未来	119
4	不为人知的金融怪杰	108
5	比尔·米勒投资之道	80
6	巴菲特的嘉年华：伯克希尔股东大会的故事	79
7	巴菲特之道（原书第3版）（典藏版）	79
8	短线交易秘诀（典藏版）	80
9	巴菲特的伯克希尔崛起：从1亿到10亿美金的历程	79
10	巴菲特的投资组合（典藏版）	59
11	短线狙击手：高胜率短线交易秘诀	79
12	格雷厄姆成长股投资策略	69
13	行为投资原则	69
14	趋势跟踪（原书第5版）	159
15	格雷厄姆精选集：演说、文章及纽约金融学院讲义实录	69
16	与天为敌：一部人类风险探索史（典藏版）	89
17	漫步华尔街（原书第13版）	99
18	大钱细思：优秀投资者如何思考和决断	89
19	投资策略实战分析（原书第4版·典藏版）	159
20	巴菲特的第一桶金	79
21	成长股获利之道	89
22	交易心理分析2.0：从交易训练到流程设计	99
23	金融交易圣经Ⅱ：交易心智修炼	49
24	经典技术分析（原书第3版）（下）	89
25	经典技术分析（原书第3版）（上）	89
26	大熊市启示录：百年金融史中的超级恐慌与机会（原书第4版）	80
27	敢于梦想：Tiger21创始人写给创业者的40堂必修课	79
28	行为金融与投资心理学（原书第7版）	79
29	蜡烛图方法：从入门到精通（原书第2版）	60
30	期货狙击手：交易赢家的21周操盘手记	80
31	投资交易心理分析（典藏版）	69
32	有效资产管理（典藏版）	59
33	客户的游艇在哪里：华尔街奇谈（典藏版）	39
34	跨市场交易策略（典藏版）	69
35	对冲基金怪杰（典藏版）	80
36	专业投机原理（典藏版）	99
37	价值投资的秘密：小投资者战胜基金经理的长线方法	49
38	投资思想史（典藏版）	99
39	金融交易圣经：发现你的赚钱天才	69
40	证券混沌操作法：股票、期货及外汇交易的低风险获利指南（典藏版）	59
41	通向成功的交易心理学	79

推荐阅读

序号	中文书名	定价
42	击败庄家：21点的有利策略	59
43	查理·芒格的智慧：投资的格栅理论（原书第2版·纪念版）	79
44	彼得·林奇的成功投资（典藏版）	80
45	彼得·林奇教你理财（典藏版）	79
46	战胜华尔街（典藏版）	80
47	投资的原则	69
48	股票投资的24堂必修课（典藏版）	45
49	蜡烛图精解：股票和期货交易的永恒技术（典藏版）	88
50	在股市大崩溃前抛出的人：巴鲁克自传（典藏版）	69
51	约翰·聂夫的成功投资（典藏版）	69
52	投资者的未来（典藏版）	80
53	沃伦·巴菲特如是说	59
54	笑傲股市（原书第4版·典藏版）	99
55	金钱传奇：科斯托拉尼的投资哲学	69
56	证券投资课	59
57	巴菲特致股东的信：投资者和公司高管教程（原书第4版）	128
58	金融怪杰：华尔街的顶级交易员（典藏版）	80
59	日本蜡烛图技术新解（典藏版）	60
60	市场真相：看不见的手与脱缰的马	69
61	积极型资产配置指南：经济周期分析与六阶段投资时钟	69
62	麦克米伦谈期权（原书第2版）	120
63	短线大师：斯坦哈特回忆录	79
64	日本蜡烛图交易技术分析	129
65	赌神数学家：战胜拉斯维加斯和金融市场的财富公式	59
66	华尔街之舞：图解金融市场的周期与趋势	69
67	哈利·布朗的永久投资组合：无惧市场波动的不败投资法	69
68	憨夺型投资者	59
69	高胜算操盘：成功交易员完全教程	69
70	以交易为生（原书第2版）	99
71	证券投资心理学	59
72	技术分析与股市盈利预测：技术分析科学之父沙巴克经典教程	80
73	机械式交易系统：原理、构建与实战	80
74	交易择时技术分析：RSI、波浪理论、斐波纳契预测及复合指标的综合运用（原书第2版）	59
75	交易圣经	89
76	证券投机的艺术	59
77	择时与选股	45
78	技术分析（原书第5版）	100
79	缺口技术分析：让缺口变为股票的盈利	59
80	预期投资：未来投资机会分析与估值方法	79
81	超级强势股：如何投资小盘价值成长股（重译典藏版）	79
82	实证技术分析	75
83	期权投资策略（原书第5版）	169
84	赢得输家的游戏：精英投资者如何击败市场（原书第6版）	45
85	走进我的交易室	55
86	黄金屋：宏观对冲基金顶尖交易者的掘金之道（增订版）	69
87	马丁·惠特曼的价值投资方法：回归基本面	49
88	期权入门与精通：投机获利与风险管理（原书第3版）	89
89	以交易为生II：卖出的艺术（珍藏版）	129
90	逆向投资策略	59
91	向格雷厄姆学思考，向巴菲特学投资	38
92	向最伟大的股票作手学习	36
93	超级金钱（珍藏版）	79
94	股市心理博弈（珍藏版）	78
95	通向财务自由之路（珍藏版）	89